朝日新書
Asahi Shinsho 838

データサイエンスが解く
邪馬台国

北部九州説はゆるがない

安本美典

朝日新聞出版

はじめに

1

最近、奈良県を中心とする近畿で、長年考古学研究にたずさわって来た方々により、邪馬台国は九州にあったとする見解が、相次いで発表されている。

2020年の2月に、奈良県立橿原《かしはら》考古学研究所の企画学芸部長の坂靖《ばんやすし》氏著の『ヤマト王権の古代学』（新泉社）が刊行された。

坂靖氏は、「邪馬台国大和説」と「邪馬台国北部九州説」との要点を紹介したのち、次のように述べる（引用文にも読みやすいように適宜振り仮名を付した）。

「私は、後者の邪馬台国北部九州説にたつ。

これまで述べてきたとおり、弥生時代中期から後期の近畿地方においては、中国との直接交渉を示す資料はほとんど知られていない。楽浪《らくろう》系土器は北部九州に集中し、松江市以東にはまったく認められない。」

「邪馬台国の時代、すなわち庄内《しょうない》式期においても、魏《ぎ》と交渉し、西日本一帯に影響力をおよぼしたような存在が、奈良盆地にはみあたらない。邪馬台国の所在地の第一候補とされる纒向《まきむく》遺跡の庄内式期の遺跡の規模は貧弱であり、魏との交渉にかかわる遺物がない。」

「さらには、女王卑弥呼の居所は、出入りするものは男子が一人いただけであり、そこに宮室・楼観《ろうかん》・城柵が厳かに設けられ、常に人がいて、兵が守衛するような場所であったと記されるが、纒向遺跡にそのような場所を認めることはできない。」

坂靖氏と同じく、奈良県立橿原考古学研究所の所員であった関川尚功《せきがわひさよし》氏は、纒向遺跡についての、大部の報告書『纒向』（橿原考古学研究所編）をまとめられたお一人である。報告書『纒向』は、2冊で800ページをこえ、2冊の厚さは計9センチをこえる。

関川尚功氏は、2020年の9月に、『考古学から見た邪馬台国大和説〜畿内ではありえぬ邪馬台国〜』（梓書院）という本を出しておられる。この中で、くわしく根拠をあげ、以下のように述べる。

「これまで、邪馬台国に関わると思われるいくつかの考古資料からみた近畿大和の状況をほかの地域と間接的ではあるが比較を行ってきた。ここで感じられることは、一言でいえば、弥生時代から庄内期に至るまでの北部九州地域の圧倒的ともいうべき卓越した内容である。」

「このような実態をみれば、3世紀頃の奈良盆地において、北部九州の諸国を統属し、魏王朝と頻繁な交流を行ったという邪馬台国の存在を想定することはできない。大和地

坂靖著『ヤマト王権の古代学』（新泉社、2020年）

関川尚功著『考古学から見た邪馬台国大和説』（梓書院、2020年）

域の遺跡や墳墓、そして各種の遺物にみる考古学的事実の示すところは、明確に邪馬台国の大和における存在を否定している、と言わざるを得ないのである。」

「これまでの邪馬台国大和説というものは、実際の大和の遺跡や古墳が示す実態とはかなり離れたところで論議が行われているような印象を受ける。」

「大和説自体が、大和の実情を検討した結果とは、とても思えないのである。」

「最も重視されるべき直接的な対外交流を示すような大陸系遺物、特に中国製青銅製品の存在は、ほとんど確認することができない。このことは弥生時代を通じて、大和の遺跡には北部九州、さらには大陸地域との交流関係をもつという伝統自体が、存在しないことを明確に示しているといえよう。」

「西日本各地域の有力な弥生墳墓の在り方をみると、やはり北部九州で最も早く出現し、また銅鏡などの中国製品を持つ副葬品内容も突出して多い。これに次ぐものとして、瀬戸内地方や山陰・北陸など日本海沿岸地方にみられる大型の墳丘墓がある。これらの地域でも『王』と思われる有力な首長の存在が、墳墓により確認されている。このような弥生墳墓による大和と北部九州・西日本地域との比較をみると、その差は歴然としていることが分かる。」

「大和の弥生時代では、今のところ首長墓が確認されないこともあり、墳墓出土の銅鏡は皆無である。特に中国鏡自体の出土がほとんどみられないことは、もともと大和には鏡の保有という伝統がないことを示している。そこに邪馬台国の卑弥呼が得た『銅鏡百枚』の影は、とうていうかがうことはできないのである。大和では弥生時代の銅鐸と、古墳に副葬される銅鏡との間には、大きな断絶がある。」

「邪馬台国大和説の前提条件である、弥生時代の近畿において中国王朝より得た多数の銅鏡が古墳時代まで保有され、古墳に副葬されるという『鏡の伝世』については、とても理解されるものではないであろう。」

関川氏の議論は、実情に即したもので、着実な論考といえるものである。思いこみにもとづいて導入された無理な仮説や、推論の飛躍がない。

すでにいまから16年前の05年に、前・奈良県桜井市教委文化財課長（当時）の清水眞一氏は、次のように述べている。

「大和には〝巨大ムラ〟がない

私は二十年間、大和の中央部・桜井市で、『邪馬台国は何処《いずこ》』とのテーマを持って、発掘調査に従事してきた。その結果として、邪馬台国が成立して、女王卑弥呼を擁立するまでの弥生時代中・後期に、大和には他地域を圧倒するような『ムラ』や『墓』が見られないことに気付いた。

代表的なムラである唐古《からこ》・鍵《かぎ》遺跡も、畿内の同時期の池上曽根遺跡や田能《たの》遺跡などと比較して、飛び抜けて大きいムラとは思えなかった。逆に、墓に関しては、西日本各地と比べて遅れた地域との思いも抱いたことだった。

であれば、その次の古墳時代に入って、纒向の地に百メートル以上もの巨大古墳が、なぜ突如として築造されるのか。これは、大和の地に別の地域の人々が入って来たと考えざるを得ない状況であるとみた。

では、誰が何処からきたのか？　考古学の資料からは、特定の地域が限定できない。となれば、卑弥呼の邪馬台国は、北部九州のどこかではないかと思われる。」（『佐賀新聞』2005年9月26日付）

同じ紙面で関西外国語大学教授の考古学者、佐古和枝《さこかずえ》氏も、次のように述べる。

「『魏志』倭人伝《わじんでん》では、倭人の武器に矛《ほこ》や鉄鏃《てつぞく》が挙げられている。この時期、畿内には矛に相当する武器はないし、畿内の鉄器の出土総数は、北部九州や山陰の一遺跡の出土数にも及ばないほど貧弱である。

さらに、諸国を監察する『大率《だいそつ》』が伊都国《いと》に常駐すること、女王国の東に海を渡ると倭種の国があることなどをみれば、『魏志』倭人伝にいう『倭人』や『倭国』、『女王国』は北部九州社会のことと考えるのが妥当であろう。東の海の向こうにいる倭種の話ではないから(『倭人伝』)。そう考えれば、『倭国乱』も『邪馬台国』も、北部九州での事柄だということになる。

邪馬台国の所在地は、考古学的な事実関係と『魏志』倭人伝との整合性のなかで考えるべきである。」

このように、いまから16年前と現在とで、基本的な状況は、とくに、変わっていない。

この間に、奈良県から、邪馬台国など倭《わ》と倭人《わじん》について記した古代中国の史書『三国志』の中の『魏志倭人伝』の記述と結びつく特別の遺物・遺構が、新たに出土したという事実はない。

以上に紹介した方々のほか、三重大学の教授で、以前は、奈良国立文化財研究所の主任研究官であった考古学者、小澤毅《おざわつよし》氏や、奈良県立橿原考古学研究所の企画部長であった考古学者、入倉徳裕《いりくらのりひろ》氏なども、邪馬台国九州説の立場をとっておられる。

このようにみてくると、奈良県などで、実際に発掘にあたった考古学者で、「邪馬台国九州説」の立場をとっておられる方々は、けっしてすくなくない。

2

マスコミなどで時おり、「畿内説のほうが優勢」などの記事をみることがある。しかし……。

第1に、「畿内説のほうが優勢」であるとすれば、坂靖氏や関川尚功氏のような専門家が、根拠をくわしく示している説が、なぜ優勢にならないのか、それ自体が大問題である。

第2に、「畿内説のほうが優勢」という判断が、客観的根拠をもっているのか、という問題がある。たんに、畿内説の人からみれば、畿内説が優勢に見え、九州説の人からみれば、九州説が優勢にみえるというていどのことではないのか。要するに、執筆者の主観的判断の類ではないのか。

私も、次のような事実などを述べたことがある。『魏志倭人伝』では、「倭人は、『鉄の鏃《やじり》』を用いる」と記している。弥生時代において、鉄の鏃は、福岡県からは、奈良県のおよそ100倍出土している（398個対4個）。

あらかじめ、一定の意見をもっていると、その意見に合致する事実は、目にはいりやすくなる。合致しないものは、目にはいりにくくなる。

第3に、「畿内説が優勢」のような記事からは、社会の空気をそちらにみちびきたいという風圧、あるいは宣伝臭のようなものを感じるが……。

日本の社会は、同調圧力が強い傾向があり、一方的に流されやすい。

とくに考古学は、アマチュアの発掘家が偽の旧石器を古い地層に埋めて長年発見を偽装していた旧石器捏造《ねつぞう》事件（2000年）のように、少数意見をよく検討せず、学界の権威者たちが捏造物に、いっせいにだまされ、大騒動になり、強い社会的批判をうけたことがある。よほど注意深くならなければならない。

第4に、そもそも、問題じたいが、「優勢か、劣勢か」などで判断すべき問題であろうか。学問とか、科学というものは、「確実な根拠が提出されているか」「きちんとした証明が行なわれているか」を第一に考えるべきものである。

科学や考古学の歴史においては、たった一人のガリレイ、たった一人の竹岡俊樹氏（旧石器捏造事件の告発者）が正しく、圧倒的優勢者たちが誤っていたというような事実があることを、忘れてはならない。

優勢をとることをめざすと、「証明よりも、まずマスコミ発表、マスコミ宣伝を優先する」ということになりかねない。大本営発表主義的な誤りを、おかしやすくなる。

すでに、何人かの人たちが、警告を発している。

読売新聞社の記者であったジャーナリストの矢澤高太郎氏は、次のように述べる。

「新聞やテレビで大きく報道されることによって社会的な関心が高まり、遺跡の生命が守られたケースは多い。しかし、同時に弊害もまたさまざまな形で発生した。学者にとっては、地味な論文を発表する以前にマスコミで大々的に取り上げられるほうが知名度も高まり、学界内部での地位も保証される傾向が強まった。**一部の学者や行政の発掘担**

当者はそれに気づき、狡知にたけたマスコミ誘導を行ってくるケースが多々見られるようになってきた。その傾向は、（旧石器捏造《ねつぞう》事件の）藤村（新一）氏以外には、考古学の〝本場〟である奈良県を中心とする関西地方に極端に多い。そして、発表という形をとられると、新聞各社の内部にも何をおいても書かざるを得ないような自縄自縛《じじょうじばく》の状況が、いつの間にか出来上がってしまった。そんな**マスコミの泣き所を突く誇大、過大な発表は、関西一帯では日常化してしまっている。**藤村（新一）氏は『事実の捏造』だったが、私はそれを『解釈の捏造』と呼びたい。」（「旧石器発掘捏造〝共犯者〟の責任を問う」『中央公論』2002年12月号）**（本書の引用文章で一部の文字をゴシックにしたのは安本。以下同じ）**

朝日新聞記者、宮代栄一《みやしろえいいち》氏も、旧石器捏造事件に関連して述べている。

「わたしは、今回の事件（旧石器捏造事件）は、慣習と前例に頼り、職人芸的な調査や**推論に次ぐ推論に頼ってきた、日本考古学界**が陥った大きな落とし穴であると考える。考古学は歴史を語る学問だと言いながら、わたしたちは**『解釈』**の方法を、理論としてシステムとして確立する作業を怠ってきた。そのつけが回ってきたのである。」

「このようなケースは旧石器時代に限らない。**邪馬台国畿内説や、狗奴国の所在地論争をめぐって、恣意的な解釈や強引な主張、仮説に仮説を継ぐ議論がいかに平然と行なわれている**ことか。考古学の学問性は、じつは今や風前のともし火なのである。」（以上、「脆弱さを露呈した考古学――捏造発覚から1年に思う」『前期旧石器問題とその背景』「段木《だんぎ》一行《かずゆき》監修、株式会社ミュゼ、2002年」）


東海大学教授（当時、徳島大学助教授）の考古学者、北條 芳隆《ほうじょうよしたか》氏も述べている。


「いわゆる邪馬台国がらみでも、（旧石器捏造事件と）同じようなことが起こっている。」

「証明を抜きにして、仮説だけがどんどん上積みされており、マスコミもそれをそのまま報じている。」

「近畿地方では、古い時期の古墳の発掘も多いが、**邪馬台国畿内説が調査の大前提になっているために、遺物の解釈が非常に短絡的になってきている。**考古学の学問性は今や、がけっ縁《ぶち》まで追いつめられている。」（『朝日新聞』2001年11月1日付夕刊）

このようにみてくると、旧石器捏造事件も、学界のある種の風土の中から生じた事件のようにもみえる。

旧石器捏造事件のさい、『ネイチャー』誌は、「捏造された出土物は、批判の欠如をさし示す（Fake finds reveal critical deficiency)」という文章をのせ、「井の中の蛙《かわず》、大海を知らず」という『荘子』にもとづく日本のことわざの英訳〝a frog in a well that is unaware of the ocean〟を引用して、この事件を痛烈に批判している（Cyranoski,D., Nature,Vol. 408　2000年11月号)。

そこには、次のような文章がみえる。

「この（旧石器捏造事件の）話は、藤村新一が捏造作業をつづけるのを許した科学文化についての疑問をひきおこした。」

「日本では、人々を直接批判することは、むずかしい。なぜなら、批判は、個人攻撃とうけとられるからである。」

「直観が、ときおり、事実をこえて評価される。」

どこに問題があるのであろうか。

そもそも、「ある説が成立する」というばあいの、「根拠《エビデンス》」とか、「証明」とかは、何を意味するのか。どのような議論が、「根拠」を持った議論で、「証明」ができているということができるのか。

「邪馬台国問題」の解決には、そのような検討が、いまや、まず必要である。

この本では、そのことを、ややくわしく考えてみよう。

なお、この私の本は「邪馬台国は、北部九州に存在した」ことを、二とおりの別の方法で「証明」している。

「結論（証明）を先に知りたい」という方は、メインとなる第2章から先に、お目通しいただければ、と思う。

データサイエンスが解く邪馬台国

北部九州説はゆるがない

目次

図版　谷口正孝

第1章

データサイエンスとの出合い

探究60年の旅

1　私の研究歴

言語・文章を、統計的に調べる

本論に入るまえに、私の研究歴・立場と、「邪馬台国論争」の問題点とを、まず記してみよう。本書がとっているデータサイエンスの方法論を理解していただきたいからだ。

私は、旧満州（現在の中国東北地方）で生まれた。

父は、岡山県の農家の長男であったが、昭和のはじめのころ、国策の「青年よ、大陸に雄飛せよ」のようなスローガンにうながされたのか、満州で身を立てようとした。

第二次世界大戦で日本は敗れ、私たちは、亡国の民となり、祖国の保護を失い、ひどい目にあったが、なんとか日本へ帰ってきた。

父の郷里の岡山の家にたどりついた。

その後、高校生になったころのことである。

家の蔵の2階に、祖父や、父や、叔父たちが、若い時に読んだ本が、うずたかく積まれていた。

私は、蔵の2階で、よく本を読んだ。叔父が読んだと思われる本に、波多野完治著『文章心理学入門』（三省堂、1941年、のち新潮文庫）があった。読んで、私は強い感銘をうけた。

著者の波多野完治は、お茶の水女子大学教授の心理学者で、のち、お茶の水女子大学の学長にもなった人である。

波多野完治の『文章心理学』は、文学作品の文章を統計的に分析し、それによって、文体の特徴を示し、さらにその特徴と作品の傾向や、作家の性格との関連などを調べるというものであった。

たとえば、文の長さ（『吾輩は猫である』という文の長さは、7文字）、動詞、名詞の使用度、その他を調べる。

波多野完治が、谷崎潤一郎の文章と、志賀直哉の文章とを調べ、比較した結果は**表1**に示されるようなものであった。

文学作品を、それともっとも関係の遠そうな数字で調べる。当時の私には、それが、ひどく新鮮で、科学的に思えた。将来、こんな研究をしてみたいと、強く思った。本との出

表1　谷崎潤一郎と志賀直哉の文章の相違

	谷崎潤一郎	志賀直哉
分の長さ	長い	みじかい
句読点	一文章の中に多い	すくない
品詞	動詞が多い	名詞が多い
文の種類	複文が多い	重文が多い
修飾句	形容的修飾句が多い	修飾句がすくない

合いは、不思議なものである。

それで、大学にはいり、心理学を専攻した。

大学生のころ、何かの機会に、国語国文学科の遠藤嘉基《よしもと》教授から、近く「計量国語学会」という学会が発足するという話を耳にした。

早速、「計量国語学会結成趣意書」をとりよせてみた。学生でも入会でき、機関誌の『計量国語学』に投稿できる、と記されていた。

統計学的に、かなりつっこんだ議論もできそうなので、入会し、投稿した。

投稿原稿は、「文の長さの分布型」と題するもので、『計量国語学』の創刊号（1957年）に掲載された。

この論文と、『計量国語学』の第4号に載せた論文とで、私は、次のようなことを論じた。

「波多野完治氏は、森鷗外の作品の『青年』について、文の長さの度数分布表を示している。

五百個のセンテンスについて、一字から九字までできているセンテンスがいくつあるか、十字から十九字までできているセンテンスがいくつあるか、二十字から二十九字までできている、センテンスがいくつあるか……というふうに、十字ごとにきって、その度数を調べ、度数分布を示している。

それを、グラフで示せば、**図1**のようになる。

度数分布の山の頂点は、分布のかなり左の方にあり、右に長く尾を引く形となっている。

ところが、この分布は、一つ一つのセンテンスの対数をとって、度数分布を作りなおすと、左右対称の山型の『正規分布』とみてよいものとなる。**図2**のとおりである。

すなわち、文の長さの度数分布型は、『対数正規分布』と呼ばれるものといえる。

文の長さの分布型が、ほぼ『対数正規分布』にしたがうことは、すでに、イギリスの昆虫学者、ウィリアムズ（Williams,C.B.）が、『バイオメトリカ（Biometrika,1939,31）』誌で論じているところである。同様の議論が、日本の文章のセンテンスの分布のばあい

図1　文の長さの度数分布

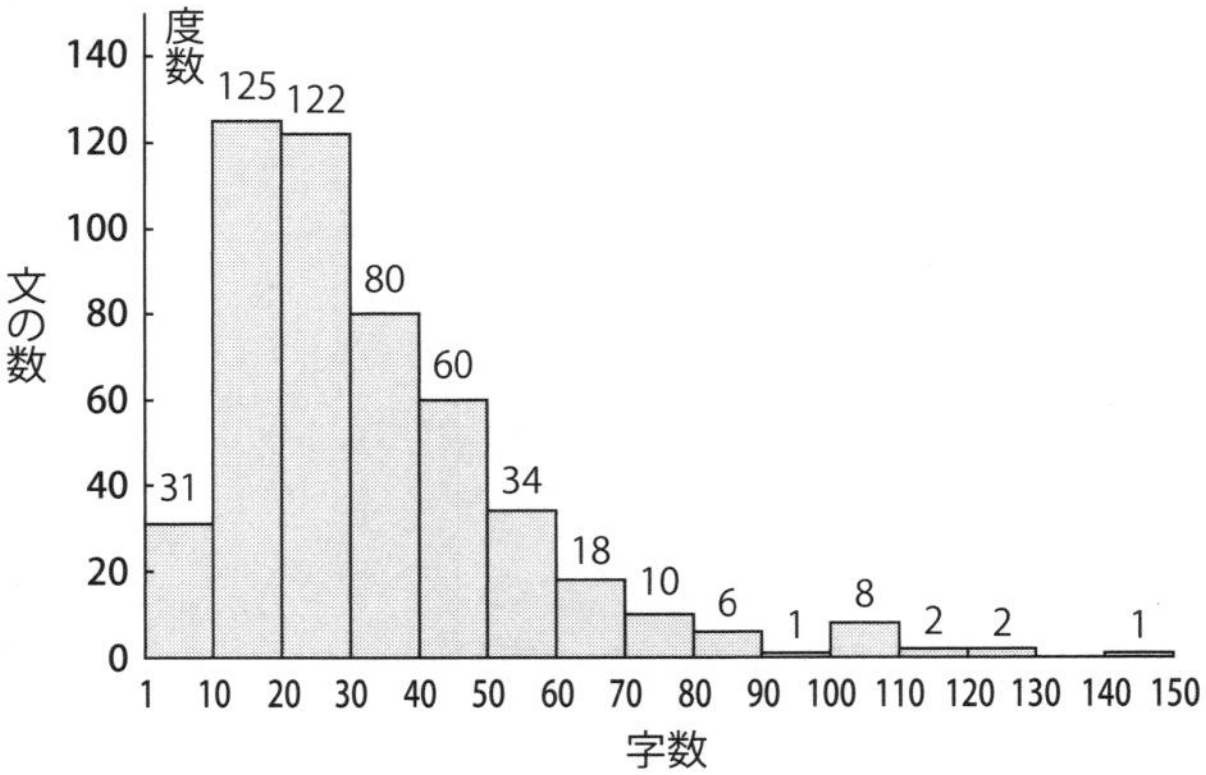

図2　文の長さの対数の度数分布

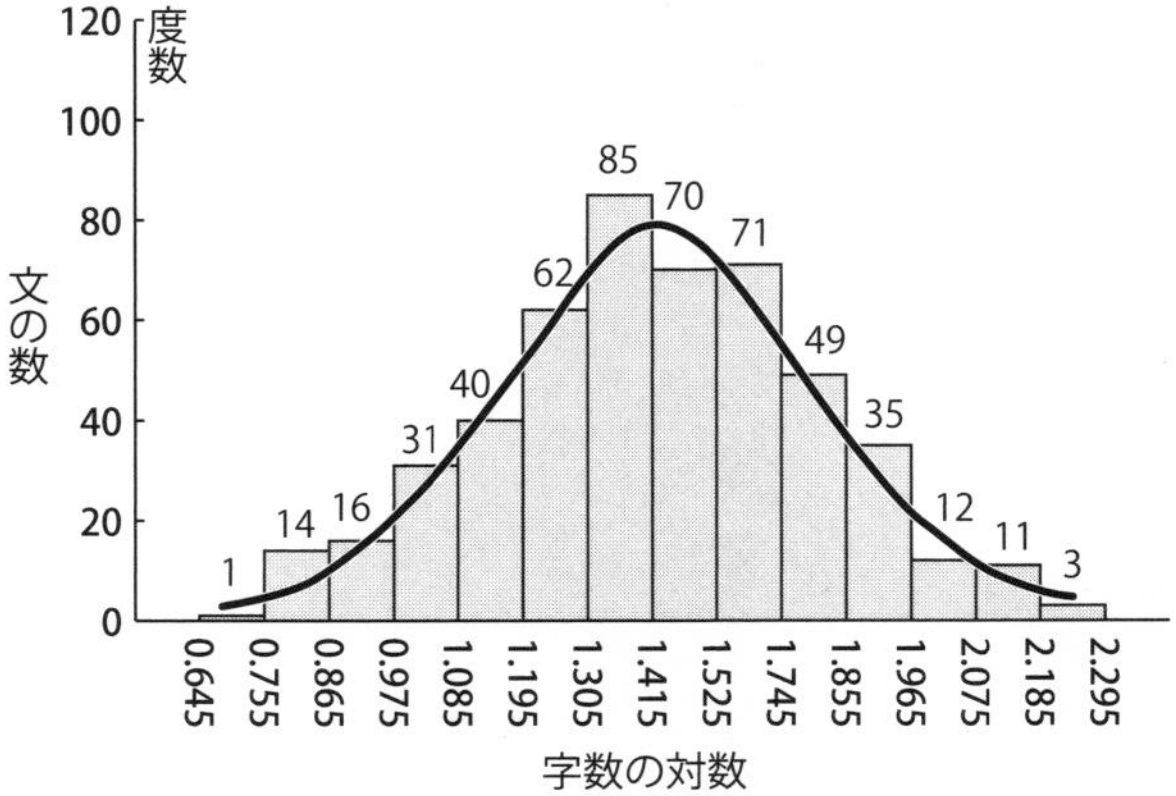

もいえる。

ウィリアムズは、ある昆虫学の問題をとりあつかっているうちに、そこにでてくる分布が、ほぼ『対数正規分布』にしたがうことをみいだしていた。」

この私の論文は、その後、「文の長さの度数分布は、なぜ、対数正規分布のような分布にしたがうのか」という形で論議を呼び、現在でも、インターネットを見れば、東北大学の古橋翔《しょう》氏の「文の長さ分布に見られる対数正規性」など、いくつかの論文をみることができる。

私は、『計量国語学』誌にのせた「文の長さの分布型」以前にも、解釈学会編の『解釈』という雑誌にも、いくつかの文章をのせていたが、きちんとした計量国語学的な論文は、『計量国語学』創刊号に載せたものがはじめてであった。

『源氏物語』の「宇治十帖」の作者

次に私がとりくんだのは、『源氏物語』であった。

『源氏物語』五十四帖のうち、最後の十帖は、「宇治十帖」とも呼ばれる。「宇治十帖」は、残りの四十四帖とくらべ、文体などがかなり異なる。そのため、他の四十四帖とは、筆者が異なるのではないか、との見解があった。

私は、文体の特徴を統計的に調べて比較し、たしかに、筆者が異なるとみても、おかしくはないほど、文体が、かなり違っていることを、ある学会で発表した。

当時は、第二次世界大戦が終って、15年ほどたったころで、確率論にもとづく、新しい統計学の「推計学（推測統計学）」の諸手法が、わが国に、次々と紹介されている最中であった。

その「推計学」の、わが国への導入の旗手が、統計学者の増山元三郎氏（東京理科大学教授など）であった。

その学会には、増山氏が出席しておられたようで、私の発表に興味をもたれ、『朝日新聞』に記事を書くよう推挽して下さった。

次に掲げるのは、『朝日新聞』に載せた私の文章である。私の『源氏物語』研究の、要約になっているといえよう。

文学と数学の結合／推計学による『源氏物語』の分析　安本美典

各巻から一千字

欧米の文献学では、文体の統計的な分析が、古典の作者や執筆年代の推定に、ひろく用いられている。古くは、一八六七年に、スコットランドのキャンベルが、プラトンの諸著作の執筆順次の推定を行なっている。また最近では、翻訳機械研究の権威である英国のブース博士らが、電子計算機を用いて、古典の著作年代を、自動的に推定する機械の構想を発表している。

私も、一つの試みとして『源氏物語』の「宇治十帖」が、他の四十四帖と、同じように紫式部の手になったものといえるかどうかを、文体の統計的な調査と、推計学的な検定の結果から、考えてみた。

「宇治十帖」と、それを除く四十四帖とにわけ、各巻のページ数ではかった分量、和歌の使用度、センテンスの平均的な長さ、直ユ（喩）（「……のような」の形の比ユ）、声ユ（擬態語や擬音語）、色彩語の使用度、心理描写の数、および、各巻から一千字ずつを抽出し、そのなかに用いられている名詞、用言、助詞、助動詞、その他の品詞の数など、合計十二の項目について統計的に調べ、比較した。

「宇治十帖」の特色

その結果、「宇治十帖」のほうが、和歌の数は少なく、用言の使用度が大きいことがわかった。また、心理描写が豊富で、センテンスの長さが長く、各巻のページ数も多い巻が多い。たとえば、私の調べたテキストでは、「宇治十帖」の一巻あたりの平均ページ数は、五十四ページであるのに、他の四十四帖は、三十二ページにすぎないなど、大幅に違っている。

しかし、これらの違いが、偶然では、きわめて起こりにくい。はっきりした違いかどうかを、別に、調べてみる必要がある。そのために、「U検定」「ランの検定」などの、推計学的な検定を、各項目ごとに、行なってみた。

偶然といえぬ違い

検定の結果は、調べた十二の項目のうち、十項目にわたって、とうてい偶然とは、いえないほどの違いが、みられた。しかし、宇治十帖と四十四帖とで、その文体が、大きく違ったとしても、それだけでは、作者が違うために、文体の違いが生じたのか、題材や、執筆態度や、執筆時期が異なるためか、明らかでない。そこで、題材、執筆態度、執筆時期が違えば、どの程度、文体が変わるかを、次に調べてみる必要がある。

まず、宇治十帖を除いた四十四帖の、はじめの十帖（かりに「桐壺十帖」とよぶ）と、おわりの十帖（かりに「梅枝十帖」とよぶ）とを取りあげ、その文体を比較してみた。まえと同じように、検定を行なってみると、いちじるしい題材の相違や、また、当然考えられる執筆時期のかなりの差などにもかかわらず、偶然とはいえないほどの違いがみられたのは、十二項目のうち、三項目だけであった。

国文学者、福島大教授武田宗俊氏によれば、『源氏物語』は、現在、並んでいる順序に執筆されたものではなく、はじめ、「紫上系」といわれる十七帖だけが、独立に執筆され、「玉鬘（かづら）系」といわれる十六帖が、あとから記述され、そう（挿）入されたものであるという。この説によれば、紫上系と玉鬘系とでは、執筆時期の差があるはずである。しかし、この両者を比較検定してみると、偶然といえないほどの違いがみられたのは、十二項目のうちやはり三項目にすぎなかった。

		比較グループ		
		宇治十帖と他の四十四帖との違い	桐壺十帖と梅枝十帖との違い	紫上系と玉鬘系の違い
調査項目	ページ数	＊＊	＊＊	—
	和歌	＊	—	＊＊
	直喩	＊＊	—	—
	声喩	＊＊	—	—
	心理描写	＊	＊	—
	文の長短	—	—	＊＊
	色彩語	＊＊	—	—
	名詞	＊＊	＊＊	—
	用言	＊	—	—
	助詞	＊＊	—	—
	助動詞	—	—	＊
	品詞数	＊	—	—
違いの見られた項目数		10	3	3

作者は異なるか

これらの結果をまとめると、**表**のようになる。表中「＊＊」は、確率的に、きわめて起こりにくい違いのみられるもの。「＊」は、やや起こりにくい違いのみられるもの。横棒をひいてあるのは、検定の結果、違いのみられなかったもの。つまり違いがあっても、その程度の違いは偶然でも起こり得る程度のものであることを示す。
他にも、いくつかの吟味を行なったのだが、このような調査の結果からは「宇治十帖」と他の四十四帖との、文体の違いは、執筆時期、題材、執筆態度、などによって生じる変動以上の、大幅な違いであると、判断される。すなわち、私は、通説に反し、「宇治十帖」の作者は、他の四十四帖と異なるという仮説を、むしろ受け入れたい。もちろん、はっきりした結論を下すためには、『紫式部日記』と、『源氏物語』との比較をはじめ、なお多くの調査、検討を必要とするのは当然であろう。（計量国語学会会員・心理学）（『朝日新聞』1961年9月9日付朝刊）

「宇治十帖」の作者問題については、平安時代の、『源氏物語』以外の作品の文体との比較なども、なお必要であろう。

たとえば、「宇治十帖」と、『源氏物語』の「他の四十四帖」とは、文体が、かなり異なることは確かであるが、それでも、平安時代のもろもろの他の作品にくらべれば、「宇治十帖」の文体は、『源氏物語』の「他の四十四帖」の文体に近い方であるというようなことが、いえるかもしれない。

平安時代の諸作品相互の、文体の近さ遠さの度合いを測定し、全体的に判断するという、別の面からの検討も、なお必要と考えられる。

ただ、文体の計量によって、作者を考えるというのは、当時のわが国では、新しいこころみであったと思う。

のち、同志社大学教授の統計学者、村上征勝《まさかつ》氏らによって、この種の研究は、本格的、大々的に行なわれるようになった（村上征勝著『真贋の科学―計量文献学入門』［朝倉書店、1994年］、『シェークスピアは誰ですか？　計量文献学の世界』［文春新書・文藝春秋、2004年］など）。

村上氏は、『真贋の科学』の中で、私の「宇治十帖」の作者についての研究を、ややくわしく紹介されたのち、次のように述べて下さっている。

「計量分析の手法を用いた研究の先鞭をつけた点で特筆に値する。また、『源氏物語』など日本古典文学にみられる和歌の多用に着目し、その使用頻度を利用するなど、この方面の研究に多くのヒントを与えた。」

現代作家100人の作品の分類

私は、卒業論文としては、現代作家100人の作品をとりあげ、その文体の特徴を統計的に調べ、統計学的分類技法である「因子分析法」を用い、100編の作品を、八つのグループに分類することを行なった。

100編の作品の文体を、15の項目にわたって調査したが、それらの調査項目の中には、たとえば、一定量の文章の中に、「漢字」を多く使用する作家は、「名詞」もよく使用する傾向があるなど、調査項目間で、相互に、あるていどの関係をもっていることがある。その関係の度合いを数字（相関係数）ではかり、それによって、調査項目じたいを整理してまとめ、結果的に、三つの因子を抽出した。その三つの因子が、強く働いているか、弱く働いているかによって100編の作品を、八つのグループに分類した。

これについても、要点をまとめた文章を、『朝日新聞』に載せたので、次に、それを紹介する。

研究ノート　文学作品の数学的分類　安本美典

　アンドレ・ジードの小説に、あけても暮れても、聖書に用いられているピリオドの数を数えている男があらわれる。このようなものずきは、昔からいたようである。紀元前三、四世紀ごろ、アレキサンドリアの学者は、ホメロスの詩に一度だけあらわれることばの数を数えている。

　このようなこころみから、やがて一つの学問が誕生する。しだいに洗練された統計の方法が用いられるようになったが、とくに第二次大戦後は、新しい統計数学が続々と導入され、このような学問は飛躍的な発展期をむかえている。

　では、このような学問の応用として、文章の特徴を数字でつかみ、それによって、多くの文学作品を分類することはできないであろうか。私は、一つの試みとして、因子分析法をもちい、現代作家百人を分類してみることとした。因子分析法は、心理学の分野などでは、不可欠とされている統計技法である。すでにアメリカの心理学者シェルドンは、因子分析法によって、人間の性格を分類している。

　結果だけをのべれば、「漢文型――和文型」をあらわす因子のほか、三つの因子がとりだされ、それによって、現代作家を二の三乗、八つのグループに分類することができた。数学的な方法によって分類したにもかかわらず、文学史上の分類ともかなりよく一致している。どうやら、私たちの精神文化のひとつを、あるていど数学的に規定する道がひらけそうである。（計量国語学会会員・文章心理学）」（『朝日新聞』１９６５年6月29日付夕刊）

１００編の作品の分類の結果などを示せば、**表2**、**写真1**などのようになる。

写真1は、因子得点をもちい、8人の作家の文章を、三次元空間に位置づけたものである。たとえば泉鏡花のばあい、A因子得点は43・97、B因子得点は61・77、C因子得点は66・64である。したがって、A因子得点は平均得点50（座標の中心）より小さく、B因子得点、C因子得点は、平均得点よりも大きい。そこで泉鏡花の位置は、**写真1**のようになる。

私の卒業論文の審査にあたられたのは、心理学科の園原《そのはら》太郎教授と、国語国文学科の遠

表２　因子分析法による現代作家の分類

用言型（和文型）	非修飾型	文章型	abc	Ⅰ	永井荷風（濹東綺譚） 谷崎潤一郎（細雪）など
		会話型	abC	Ⅱ	里見弴（多情仏心） 小山内薫（大川端）など
	修飾型	文章型	aBc	Ⅲ	芥川龍之介（地獄変） 佐藤春夫（田園の憂鬱）など
		会話型	aBC	Ⅳ	泉鏡花（高野聖） 川端康成（雪国）など
体言型（漢文型）	非修飾型	文章型	Abc	Ⅴ	森鷗外（雁） 中島敦（李陵）など
		会話型	AbC	Ⅵ	夏目漱石（吾輩は猫である） 伊藤左千夫（野菊の墓）など
	修飾型	文章型	ABc	Ⅶ	菊池寛（忠直卿行状記） 十一谷義三郎（唐人お吉）など
		会話型	ABC	Ⅷ	横光利一（日輪） 森田草平（煤煙）など

藤嘉基教授であった。論文の審査後、遠藤教授から、私の卒業論文を、京都大学文学部国語学国文学研究室編の研究誌『国語国文』に載せるように、との話があった。

私の卒業論文は、『国語国文』第28巻、第6号（1959年）に掲載された。

60年に、私の最初の単行本『文章心理学の新領域』（東京創元新社）が刊行された。この本には、『源氏物語』についての研究と、卒業論文などがおさめられている。私は、26歳になっていた。思えば、もう、それから、60年以上の歳月がたっている。

62年に刊行された『現代統計学大辞典』（東洋経済新報社）の冒頭のページの、「現代統計学」を総括した部分に、次のように

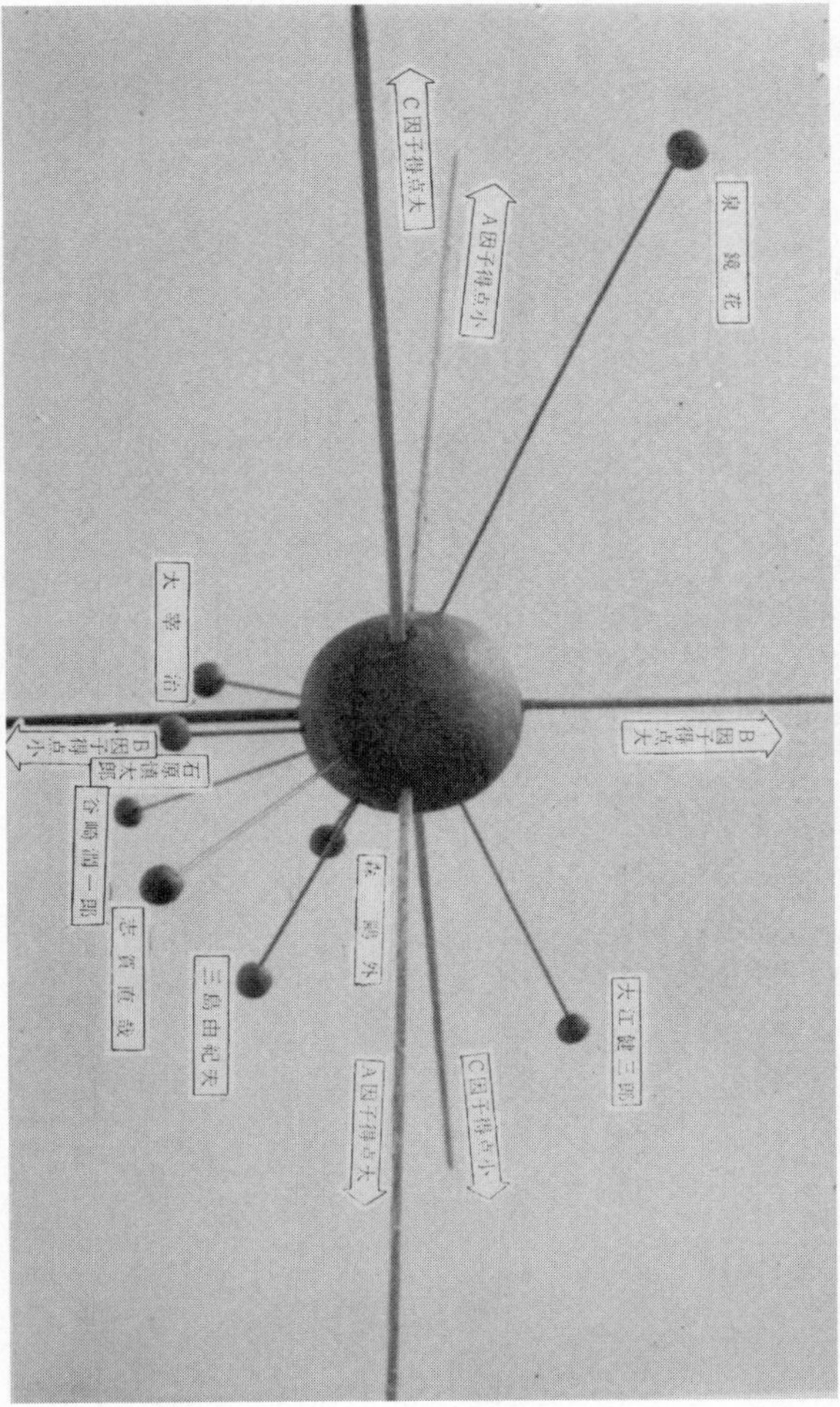

写真1　作家の位置の立体表示

記されている。

「文学の領域でも、西欧の文献学においてみられた意図と手法に準じて、文章心理学の問題として文体の推計学的分析が行なわれはじめており、これらの研究分野は計量国語学と名づけられている。これらは現代において統計学の適用範囲が著しく拡大されたことを例証するものである。」

この文章には、出典が記されていないが、文章心理学の問題に、推計学的分析を行なった人は、当時私以外にはいないから、私の本にもとづいて書かれたものであろう。卒業論文をさらに肉づけをし、65年に、『文章心理学入門』（誠信書房刊）を出した。

また、統計学的分類技法としての因子分析法については、のちに、コンピューターサイエンス専攻の本多正久氏（産業能率大学教授など）と私との共著という形で、『因子分析法』（現代数学レクチャーズ、培風館、1981年）を出している。これは、立教大学の数学者、赤攝也《せきせつや》氏の監修のものである。

「因子分析法」は、同じく統計的分類技法の「主成分分析法」に、きわめて近い。ともに、多変量解析《たへんりょうかいせき》の一種である。

「主成分分析法」は、遺伝的近縁関係によって人種などを分類し、日本人の起源をさぐる研究などに、今でも用いられている。

日本語の起源問題

大学卒業後、私がとりくんだのは、日本語の起源問題であった。

『計量国語学』誌を見ていたところ、「海外の雑誌より」の欄に、言語と言語との近さの度合いを、数字ではかる研究がのっていた。

これは面白そうだ、このやり方で、日本語と朝鮮語、日本語とアイヌ語、日本語とインドネシア語などの距離を測定して行ったならば、日本語の起源探究のための、新しい手がかりを得ることができるかも知れない。

私の挑戦は、二つの方向へむけられた。

ひとつは、探究のための方法をみがくことである。

いまひとつは、正確な言語データを作成することであった。

まず、方法をみがくために、当時カリフォルニア大学に留学していた友人の藤居恒子《つねこ》さんにお願いして、欧米の関係文献のコピーを、手に入るかぎり送っていただいた。西欧では、言語と言語との近さの度合いをはかる研究が、きわめて活発である。しかも、それは、確率論、統計学、多変量解析論（因子分析法、主成分分析法、多次元尺度構成法その他）などを基礎としており、方法じたいが、すでに、かなり洗練されている。それらの中から、日本語の起源探究のためには、どの方法が、もっとも適しているかを探った。

この分野の欧米の研究の動向は、のちに、次の二つの本の形にまとめた。

(1)『言語の数理』（数理科学シリーズ13、筑摩書房、１９７６年）

この本は、山梨大学の数学者、野崎昭弘氏との共著である。

(2)『言語の科学』（日本行動計量学会編、行動計量学シリーズ10、朝倉書店、１９９５年）

いま一つの方向の、言語データの収集は、おもに、正確な基礎語彙表を作成することにむけられた。

日本語と四周の言語との距離を測定するには、基礎語彙を比較する方法によるのが、統計的なとりあつかいも簡便であり、かつシャープである。

「基礎語彙」は、「手」「目」「耳」などの人体語や、「山」「川」「月」「日」「雲」などの自然や天体に関する語、「鳥」「犬」「木」「葉」「根」などの動植物に関する語、その他をさす。

このような「基礎語彙」は、文化的な語にくらべて、時間に対する抵抗力が強い。しばしば、1000年、2000年の歳月に耐え、変化することがすくなく、使われつづける。

調査すべき「基礎語彙表」としては、アメリカの言語学者、モリス・スワディッシュが設定した200項目（200語）からなるものを用いることとした。

7年ほどの歳月をかけ、内外の言語学者など四十数氏の協力を得て、おもに日本の周辺の言語の基礎200語の表などを作成していただき、それらのデータをコンピューターに入れ、計量比較言語学的方法で分析するなど、言語間の「距離」を算出し、2言語間の一致が偶然以上の一致か否かを検定（統計学的検定、推計学的検定）した。

得られた結果を、短く要約したものに、『読売新聞』にのせた次の記事がある。

リポート

核に「古極東アジア語」日本語の起源と形成

安本美典

日本語は、どこからやって来たのだろうか。あるいは、どのようにして成立したのであろうか。

これは、古くから議論され、現在も、未解決の問題である。

さて、さいきん「ラングウィッジ」など、外国の雑誌には、言語と言語との間の近さの度合いを、数字ではかる研究が、いくつか発表されている。確率論や、推計学、因子分析法などを基礎とするもので、一種の相関係数によって、言語間の距離をはかるものである。

私たちも、このような研究に刺激され、日本語と、二五〇ほどの世界の諸言語との関係の度合いを、数字ではかってみた。調査したのは、「数詞」、手、口、鼻などの「人体語」、鳥、雲、水など、どのような人類集団でもそれにあたる語をもっているような項目からなる「基礎百語」および「基礎二百語」である。

大量のデータを処理するので、相関係数の算出などにあたっては、コンピュータの利用は、必須《ひっす》のこととなる。

方法と結果の詳細は、専門誌「数理科学」の二月号―九月号に連載したので、そちらにゆずることにし、結果だけをまとめれば、つぎのようになる。

基本的に、日本語の形成をさぐる問題のむずかしさは、他の言語からの分離が古いために生じたむずかしさではなく、形成の過程の複雑さからくるむずかしさである。

数字ではかってみると、日本語と偶然とはいえない関係をもつ言語は、存在していない。

まず、日本語、朝鮮語、アイヌ語の三つは、相互に、確率論的に偶然とはいえない関係を示し、ひとつのまとまりをみせている。私たちは、これらの言語を、「古極東アジア語」系の言語となづけた。古極東アジア語系の言語は、語彙《ごい》の近さでまとまりをみせるばかりではない。語頭に濁音や二つ以上の子音が来ないこと、r（アール）とl（エル）の区別がないこと、二重母音をさける傾向があること、語の平均の長さはほぼ二音節であること、母音調和の現象があったらしいこと（アイヌ語の母音調和

> については知里真志保氏の研究がある)、基本的な語順が一致すること、日本語の「てにをは」にあたるものをもつことなど、音韻上、文法上の共通性をもつ。
>
> 「古極東アジア語」は、アルタイ系諸言語からきわめて古く分離したものらしく、アルタイ諸言語とのあいだには、かなり大きなみぞがある。
>
> 日本語の形成にあたっては、「古極東アジア語」が核をなしているらしい。しかし、数詞、人体語などは、朝鮮語、アイヌ語では、うまく説明できない。
>
> ところが、ビルマ系の諸言語や、インドネシア語のなかには、これらにおいて、日本語と、あきらかに偶然とはいえない関係を示すものがある。数詞や人体語は、弥生《やよい》時代のはじめごろ、どうやら稲作とともに、南方からもたらされたものらしい。(産業能率短大教授・計量言語学)(『読売新聞』1972年7月20日付朝刊)

基礎200語についての検定の結果をまとめたのが**表3**である(文法や音韻などの近さの度合いについては、別に検定した)。

基礎語彙において、日本語と、確率的に偶然以上の一致を示す言語は、インドネシア語やカンボジア語など、アジアのやや南の方にも、中期朝鮮語や中国語北京方言など、やや

表3　東京方言と偶然以上の一致とみられるもの
（基礎200語）

言語	一致が偶然によって得られる確率	一致数	註
上古日本語	0.000000 *******	157	一致が偶然によってえられる確率は、ほぼゼロである（0.0001%水準で有意）
首里方言	0.000000 *******	126	
カンボジア語	0.000021 ******	64	0.005%水準で有意
中国語北京方言	0.000136 *****	58	0.05%水準で有意
中期朝鮮語	0.000376 ****	56	
インドネシア語	0.001712 ***	54	0.5%水準で有意
モソ語	0.002860 ***	57	（モン・クメール系諸言語）
ベトナム語	0.002901 ***	58	
トンガ語	0.018249 *	45	普通の統計学の基準では、5%水準で有意である
中国語広州方言	0.019571 *	50	
ロロ語	0.025946 *	52	
シンハリーズ語	0.043238 *	48	
フィンランド語	0.048605 *	44	
アイヌ語幌別方言	0.048881 *	47	
ネパール語	0.049169 *	50	

北の方にも存在する。異なる系統の複数の言語と、日本語は、偶然以上の一致を示す。

日本語は、ヨーロッパの諸言語のように、一つの言語が、いくつかの言語に分裂していって成立したものではなく、複数の言語が流れこむ形で成立したものであると判断される。

成立するのは、**図3**のような、「系統論」のモデルではなく、**図4**のような、「流入論」のモデルである。

図３「系統論」のモデル

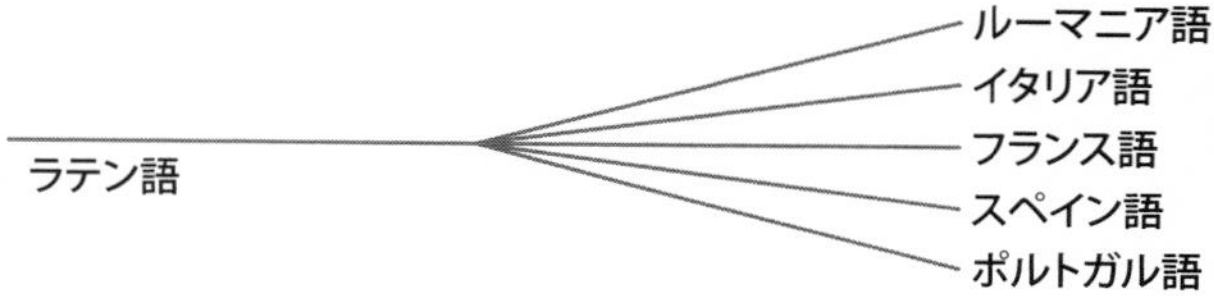

図４「流入論」のモデル

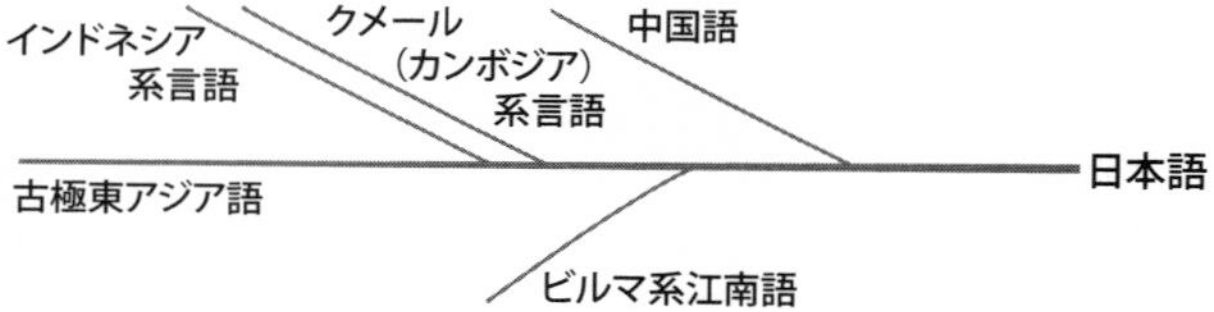

日本語の起源問題については、調べたおもな言語の基礎語彙表や、コンピュータからアウトプットした諸結果などもいれ、次の本で、ややくわしく述べた。

『日本語の誕生』（本多正久氏との共著。大修館書店、１９７８年）

また、やや入門的なものとして、次のような本を書いた。

(1)『日本語の成立』（講談社現代新書、講談社、１９７８年）

(2)『日本語の起源を探る——コンピュータがはかる〝やまとことば〟成立のモデル——』（新書「21世紀図書館61」、ＰＨＰ研究所、１９８５年）

(3)『研究史 日本語の起源』（勉誠出版、２０

09年）

邪馬台国の探究へ

1965年に、井上光貞著『日本の歴史1　神話から歴史へ』（中央公論社）が出版され、67年に、宮崎康平著『まぼろしの邪馬台国』（講談社）が出版され、空前の古代史ブームがおきる。

私も邪馬台国問題に興味をもち、数理文献学的立場から発言できるところがあるように思えたので、考えをまとめて、計量国語学会で、発表した。

参会された方の中に、言語学者の野元菊雄氏（のち、国立国語研究所長、松蔭女子学院大学教授など）がおられた。私の発表に、興味をもたれたようで、筑摩書房に紹介して下さった。

それで、私の邪馬台国関係の最初の本の『邪馬台国への道―科学の解いた古代の謎』（「グリーンベルト・シリーズ」新書、筑摩書房、1967年）が出た。

本の売れ行きは好調だったのであるが、批判もうけたので、少しムキになって、邪馬台国問題に、のめりこんでしまうこととなった。

国語学の分野では、計量国語学会があり、言語学の分野では、東京大学の服部四郎教授によるアメリカの言語学者、スワディッシュの説く「言語年代学」の紹介などがあり、あるていど、計量的研究や統計学的な研究の伝統が形成されていた。これに対し、歴史学や考古学の分野では、そのような伝統がなく、私のようなアプローチには、抵抗があったのかもしれない。

それで、外国の数理的な歴史研究を紹介した『数理歴史学』(筑摩書房、1970年)を出した。

また、邪馬台国や、古代史関係の、一般読者むけの本として、次のような本を出した。

(1)『卑弥呼の謎』(講談社現代新書、講談社、1972年)
(2)『倭の五王の謎』(講談社現代新書、講談社、1981年)

2 「邪馬台国問題」は、なぜ解けないか

「科学的な証明」とはなにか

「邪馬台国九州説」も、一つの仮説であり、「邪馬台国畿内説」も、一つの仮説である。したがって、それらの仮説が正しいことを主張するためには、「根拠《エビデンス》」を示し、「証明」が行なわれなければならない。

では、どのような議論が、「根拠」をもつものであり、「証明」のできた議論といえるのか。

このことを考えるのに、大変参考になる本が、最近刊行されている。京都大学大学院文学研究科准教授の大塚淳《おおつかじゅん》氏の手になる『統計学を哲学する』（名古屋大学出版会、2020年）である。

3000円をこえる本であるが、私の買い求めたものでは、刊行後1カ月と少しで3刷となっている。この種の本を求める人の多いことがわかる。

この本の序章で、大塚氏は述べる。

「この本は何を目指しているのか。その目論見《もくろみ》を一言で表すとしたら、『データサイエンティストのための哲学入門、かつ哲学者のためのデータサイエンス入門』である。ここで『データサイエンス』とは、機械学習研究のような特定の学問分野を指すのではなく、データに基づいて推論や判断を行う科学的／実践的活動全般を意図している。」

そして、さらに述べる。

「**現代において統計学は、与えられたデータから科学的な結論を導き出す装置として、特権的な役割を担っている。良かれ悪しかれ、『科学的に証明された』ということは、『適切な統計的処理によって結論にお墨付きが与えられた』ということとほとんど同義なこととして扱われている。**しかしなぜ、統計学はこのような特権的な機能を果たしうる（あるいは少なくとも、果たすと期待されている）のだろうか。

そこにはもちろん精密な数学的議論が関わっているのであるが、しかしなぜそもそもそうした数学的枠組みが科学的知識を正当化するのか、ということはすぐれて哲学的な問題であるし、また種々の統計的手法は、陰に陽にこうした哲学的直観をその土台に持っているのである。」

「**例えば、ベイズ統計や検定理論などといった、各統計的手法**の背後にある哲学的直観を押さえておくことは、それぞれの特性を把握し、それらを『腑に落とす』ための一助になるだろう。」

ここに、「ベイズ統計」「検定理論」の名がでてくる。

このうち、「ベイズ統計」は、私が、邪馬台国問題の解決のために用いた統計技法である。すでに、私は、『邪馬台国は99・9%福岡県にあった――ベイズの新統計学による確率計算の衝撃――』（勉誠出版、２０１５年）という本を出している。この本の第2章で、その要点を紹介する。

拙著『邪馬台国は99.9%福岡県にあった』（勉誠出版、2015年）

邪馬台国問題へのベイズ統計学の適用にあたっては、わが国において、ベイズ統計学の第一人者といってよい松原望氏（東京大学名誉教授、上智大学教授、聖学院《せいがくいん》大学大学院教授など）に、長時間の議論検討、ご指導におつきあいいただいた。松原望氏は、次のように述べておられる。

「統計学者が、『鉄の鏃』の各県別出土データを見る

と、**もう邪馬台国についての結論は出ています。**畿内説を信じる人にとっては、『奈良県からも鉄の鏃が四個出ているじゃないか』と言いたい気持ちはわかります。しかし、そういう考え方は、科学的かつ客観的にデータを分析する方法ではありません。私たちは、確率的な考え方で日常生活をしています。

たとえば、雨が降る確率が『〇・〇五％未満』なのに、長靴を履き、雨合羽を持って外出する人はいません」

「各県ごとに、弥生時代後期の遺跡から出土する『鏡』『鉄の鏃』『勾玉《まがたま》』『絹』の数を調べて、その出土する割合をかけあわせれば、県ごとに、邪馬台国が存在した可能性の確率を求めることが可能になります。その意味では、**邪馬台国問題は、ベイズ統計学向きの問題なのです**」（「邪馬台国を統計学で突き止めた」『文藝春秋』２０１３年11月号）

また、先の大塚淳氏の文中の「検定理論」は、私たちが、『源氏物語』「宇治十帖」の調査や、日本語の起源を探究する問題において、日本の周辺の言語の中で、日本語と偶然以上の一致（有意の一致）を示すのはどの言語なのかを求めるさいに、おもに用いたものである。

ここ10年か20年ほどの間に、各分野で、「データサイエンス」について、さかんに論じられるようになった。

ふりかえって気がつく。私が、これまでに行なってきたことは、人文科学分野におけるデータサイエンス的な研究そのものであった。

科学のことばに、デカラージュすること

スイスの児童心理学者のピアジェ（J.Piaget）は、「デカラージュ」（décalage、敷《し》き写し）という専門用語を定めた。これは、同じ構造がほかの操作で、再構成されることをさす。たとえば、児童は、6歳ぐらいまでは、感覚や運動を通して、この世の構造が、どうなっているかを、知ろうとしていた。外界を認識しようとしていた。その認識の世界が、しだいに、言語操作による認識の世界に、おきかえられ、再構成されていく。それによって、現在目のまえでおきていない出来ごとでも、知ることが、できるようになる。このような移行を「デカラージュ（敷き写し）」という。かくて、外界を認識する言語世界が成立する。言語によって、外部世界を、よりよく知ることができるようになる。

それにならっていえば、言語世界によって得たデータなどを、確率や頻度などについて

の数字や、統計的な表やグラフ、数式などによって示される世界におきかえていく。この操作を、「科学のことばや、科学世界に、デカラージュする」という。「数理デカラージュ」「デジタルデカラージュ」などという。かくて、あらたな、データサイエンス的な外部世界認識構造が成立する。

数値の世界にデカラージュすることによって、法則性や規則性を見出しやすくなる。さまざまなデータ間の関係を、数字や数学によってつかむことができるようになる。

個々の対象をひたすら正確に記述するだけでは、法則性、規則性などが、自然に浮かびあがってくる、ということにはならない。

かつて、統計といえば、「人口」や、「米の量」や、「工場での生産物の数」などの、「ものの数」を数えるものであった。そのころは、哲学の分野でも、「唯物論」などが、もてはやされた。

現代は、「言葉の使用頻度」や、「情報の量」「ゲームの勝率」「晴れや曇りの確率」など、広い意味での情報や、「出来ごとの頻度」を数えることが多くなっている。

歴史学、言語学、文学、社会学などや、碁や将棋などのゲーム、さらに、広い意味での情報の処理などの分野は、これからのデータサイエンスの主戦場になるとみられる。

できるだけ、データに語らせること

ＡＩ（人工知能、Artificial Intelligence）の分野で、「エミュレート（Emulate）」ということばがある。もとは「模倣する」といった意味であるが、ＡＩやビッグデータの分野では、データをありのままに見ること、主観的な「解釈」をできるだけ加えず、ある見解を主張するばあいも、反論をするばあいも、できるだけ、「データによって語らせる」「数値によって語らせる」ようにすることを指す。

コンピュータ将棋のソフトウェア「ポナンザ」を開発した一人、山本一成氏は、「エミュレート」という語について記している。

「エミュレートとは、『主観や価値判断を加えずに物事を推測する』という意味だと理解してください。この説明だとちょっとわかりにくいかもしれませんが、たとえば『1』が2つあったときに、

1＋1＝2

1－1＝0

1×1＝1
1÷1＝1
となることを計算していくのは、**主観や価値判断を加えずに物事を推測しているとい**えますよね。これと同様に、現在の状況が今後どう変わるかを**機械的**《メカニカル》**に推測**することを、エミュレートすると言うのです。」（山本一成著『人工知能はどのようにして「名人」を超えたのか？』ダイヤモンド社、2017年）

これは、将棋のばあいであるから、「現在の状況が今後どうかわるか」を推測することになるが、古代史のばあいであれば、現在えられているデータから古代がどうであったかを、**機械的に推測することになる**。


従来、推理や推測などは、「ことば」で行なわれてきた。「手を読む」など。

それを、できるだけ、数値計算におきかえるようにする。

インターネットのアマゾンで本を注文すると、「この本を買った人は、次のような本も買っています。」というような表示がでてくる。

これは、これまでの購入実績を、統計的にしらべて、表示しているだけである。

従来であれば、読書経験の豊富な書評家などが行なう「本の推薦作業」が、ここでは、「単純なカウント作業」におきかわっている。しかし、この「単純なカウント作業」は、書評家よりも、ずっと広い範囲のデータにもとづき、「書評家のもつ主観」なしで行なわれている。

これは、現代のデータサイエンスにおいて、「エビデンス（科学的な根拠）」を示すための基本的な姿勢といえる。

「邪馬台国＝畿内説」では、しばしば、思いこみとみられる結論が先にあり（論点先取）、その結論に結びつくように解釈につぐ解釈を行なっている。ほとんど、単なる連想か思いつきとしか思えない解釈による仮説を導入する。そして、そのような仮説をどんどん上積みしていく。このようなことが、極端に多いようにみえる。

ひとことでいえば、科学や学問の名に値しない。

さきの山本一成氏の文章の中に、「機械的《メカニカル》に推測する」という言葉が出てきた。「機械的《メカニカル》に推測する」ということばの意味を、もうすこし、検討してみよう。

『「メカニカル」の科学論』（佐藤文隆著、青土社、2020年）という本がある。

著者の佐藤文隆氏は、京都大学の名誉教授で、日本物理学会の会長などもされた物理学者である。

その本の中で、佐藤文隆氏は、次のように述べる。

「本書では機械と数学を前提とするような知識をひろくメカニクスと呼んでいる。『メカニクス=力学』になる以前のこの語が持っていた広域の意味でのメカニクスである。近年大発展の数学的な情報学（統計、AI、機械学習、深層学習など）もメカニクスでの新たな一大領域であるという見方をしている。人間の知情意との関係で『力学』と同質なものであるという括り方である。自然と社会の現象ふくめ、メカニクスの知識にするには、現象をメカニクスを構成する数字の組みであるデータに写像（安本注 これは、デジタルデカラージュすることにあたる）せねばならないが、この観測とか検出とかいう操作は多様だが、そこから先の数理的手法には多くの共通点がある。

メカニクスは力学から始まり情報学に広まり、更に拡大していくであろう。理由は単純でメカニクスに便利なコンピュータや通信技術のテクノロジーが身近な社会に普及したからである。印刷術や用紙の低価格化が学問の性格を変え、口頭試験から筆記試験への変化が選ばれる才能の質を変えてきたように、学問というのは案外に小道具や制度のあり方に左右されるものなのである。工業製品となった用紙の低価格化で長い数式の代数や解析が登場する数学が流行るといった具合である。なにか身も蓋もない言い方だが、多分、抗《あらが》っても押し戻される真実である。データとメカニクスの技術の普及が学問世界に引き起こす影響は、文系理系問わず、巨大なものであろうと想像する。」

「1 機械学習などの情報学は『運動と力』の『力学』と同質のメカニクスの新たな展開である。

2 西洋科学の強力な世界的普及性はギリシャ起源の数学と機械のメカニクスの強力さにあった。

3 西洋科学は人倫を含む学問がメカニクスの技術界を取りこんでデカルト、ガリレオ、ニュートンらの業績を基礎に発展した。

4 メカニクスの西洋科学は二〇世紀において一〇〇倍にも規模を拡大した。」

西暦230年~240年ごろに存在した邪馬台国が、どこにあったかなどは、基本的に、時間と場所（空間）の問題である。物理学的な問題である。機械的《メカニカル》に問題が解けてしかるべきであるように思える。それは、数学の問題を解くのと同じように、だれが行なっても、同じ手続きをとれば、同じ結論がえられるという意味で、客観性をもっているのである。デジタルにデカラージュすることにより、問題はデータサイエンスにより、機械的《メカニカル》に解くことができるようになるのである。

いまは、過去の厖大な知識なども、機械的に動員できる時代なのである。

「ことば」「情報」「数」とは、どのようなものか

ここで、いますこし、基礎的なことを考えておこう。

「ことば（言語）」とか、「情報」とか、「数（数字）」とかは、どのようなものであろうか。

スイスの言語学者ソシュール（Ferdinand de Saussure　1857～1913）は、その著『一般言語学講義(Cours de linguistique générale)』のなかで、次のようなことを述べた。

「言語」は、「記号」の体系である。

その「記号」とは、次の二つのものの結合体である。（図5参照）

(1)　**表現形式**　signifiant（シニフィアン）（フランス語の、「意味するもの」の意味。「意味する」「表現する」という意味の動詞の、現在分詞）。能記（小林英夫）、記号表現（丸山圭三郎）などとも訳される。

図5　言語表記は、「表現形式」と「意味内容」の結合体

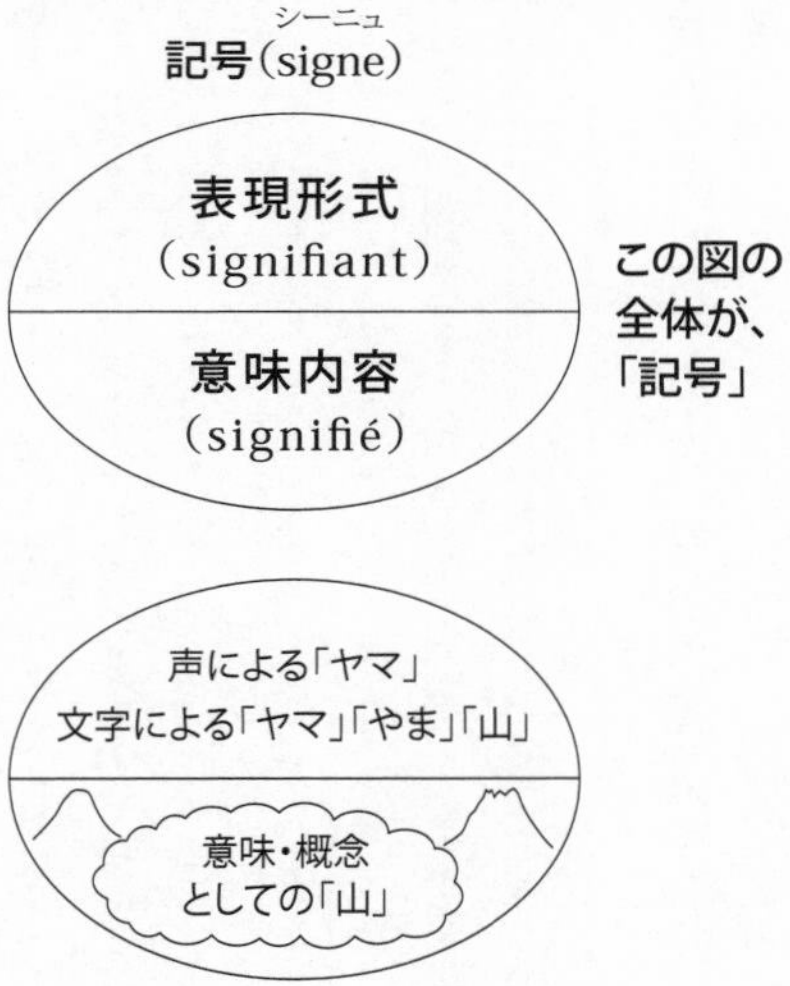

（2）**意味内容**　signifié（シニフィエ）
（フランス語の「意味されるもの」の意味。「意味する」「表現する」という意味の動詞の受動態）。所記（小林英夫）や記号内容（丸山圭三郎）などとも訳される。「表現形式」によって、指し示される内容のことである。

「情報」も、基本的には、「ことば（言語）」と同じ構造をもつが、サイエンスの分野では、ふつうの「ことば」にくらべ、「意味内容」が、あいまいさをふくまず、「数（数字）」など、一義的に明確に定められたものであることが多い。

どのような「意味内容」をもつ「ことば（情報）」が、いくつあるかなど、「表現形式」によって、「ことば」や「情報」を、カウントすることができる。

そして、「数（数字）」は、次のような性質をもつ。

(1)「数（数字）」も、「ことば（言語）」の一種である。「表現形式」と「意味内容」とが、結びついたものである。

(2)「数（数字）」は、一定の形をそなえたもの、あるいは、測定の方法などによって定義を与えられたものであれば、「魚」であろうと、「エンピツ」であろうと、「時間」であろうと、「距離」であろうと、「温度」であろうと、「ことば」であろうと、目で直接見えるものであろうと、見えないものであろうと、対象のいかんをとわず、カウントすることができる。

（「ことば」のカウント例。授業中にA先生は、「エー」という「ことば」を、何回言ったか、など）

(3)「数（数字）」で表現されたものについては、四則演算をすることが可能である。（A先生が、今日、「エー」といった回数は、昨日にくらべいくつ少なかったか、とか、A先生に、

「エー」という回数が多すぎます、と注意したら、回数が5分の1に減った、とか）四則演算が可能である、ということは、「数学」が、適用できる、ということである。

(4)「ことば」や「情報」を、その「形式」にもとづいてカウントできるということは、「数（数字）」が、「ことば」や「情報」について記述するための、「メタ言語」になりうる、ということである。「メタ言語」の「メタ」は、「……をこえる」「一段と高いレベル」といった意味で、「ことば（言語）」についての情報を記述するための言語（ことば）」である。

新井紀子著『数学は言葉』（東京図書、2009年）という本がある。この本に、コンピュータ（機械翻訳）で英語にするとき、うまく処理できない文例として、次のような文がのっている。

「『人間』は2文字からなる。」（'Man' consists of two characters.）

これは、この文が、「人間」ということばの「意味内容」ではなく、「表現形式」についてのメタ語文であるから処理できないのである。

「『が』が助詞ならば、文の頭に立たない」という文では、「が」という助詞が、文の頭に立っている。

これは、この文が、「が」という助詞（ことば）についての情報を記述する「メタ言語」であるからである。「が」は「日常言語」では、文の頭に立たないが、「メタ言語」では、文の頭に立ちうる。

データサイエンスは、「ことば」や「情報」そのものをカウントするメタ言語の体系ともいえる。

(5) データサイエンスでは、さまざまな統計的技法が開発されており、それらを用いれば、ほとんど機械的《メカニカル》に、さまざまな結論をみちびきだすことができる。

代数によって、さまざまな日常的問題を解くことができるように、統計学によって、さまざまな問題を解くことができる。

データサイエンスでは、どの駅（前提［「公理」や「データの集まり」など］）から出発すれば、どこ（「定理」的なもの）に行けるのか（どのような結論がだせるか）などの、数学の鉄道網がすでに構築されている。

数には、体系があり、構造をなしている。

そうとうなスピードで行ける新幹線も、かなりよく整備されている。

物を運ぶには（証明などを行なうには）、この軌道の上にのせるべきである。

これは、科学の軌道である。科学の世界におけるインフラストラクチャー（基盤）となっている。一つの文化といえるものとなっている。

東京から福岡に行くのには、飛行機や新幹線を利用すればよい。伝統にしたがって、目で途中をよく確かめながら、歩いて行くのが正しい、と強く主張しても、結局は、迷子になって、福岡にたどりつけない、ということになる。

データサイエンスは、いまや、かつての「読み書きソロバン」と同じように、科学において必要とされる基本的なリテラシー（能力）となってきている。

数は、大小、多少、長短、高低などを、「測定値」の定義のしかたによって、ほとんど、いくらでもくわしく記述することができる。

諸情報（データ）から出発し、統計的に整理することによって、「歴史の骨組み」をバラバラのデータとしてではなく、構造をもったものとして、構成し、記述することができるようになる。

具体的な問題を解くための系統立った計算手続きを、「アルゴリズム」という。

データサイエンスでは、数多くの「アルゴリズム」が開発されている。

アルゴリズムにしたがって計算して、出てきた結果にしたがって、「判断」を行なう。

考古学の分野では、しばしば、はじめに「判断」があって、その「判断」にあうような形で、データが「解釈」されている。

古代の8母音問題

私は、さらに、奈良時代の音韻の問題にもとりくんだ。

奈良時代を中心とする日本語には、現代と異なり、八つの母音があったといわれる。

いわゆる「上代特殊仮名《じょうだいとくしゅかな》づかい」といわれるものである。

その八つの母音は、発音記号であらわせば、どのような形であらわせるのか。

それを、計量言語学的方式で、系統的に探究整理した。

その結果は、『「古事記」「日本書紀」の最大未解決問題を解く——奈良時代語を復元する』（勉誠出版、２０１８年）でまとめた。

このような探究を続けてきて、私がいだいた強い実感は、日本古代史上の大きな問題のほとんどは、基本的に、データサイエンス的方法で解ける。

あるいは、すくなくとも探究できる。

それは、フランスの数学者であり、哲学者であったデカルト（１５９６〜１６５０）が、解析幾何学を創始し、幾何学的な問題を、代数的な計算に還元して、統一的に解決する普遍的な「方法」を提示したのにも似ている。

あるいは、ツルカメ算や、旅人算のような算数の問題が、代数の問題におきかえることによって、機械的《メカニカル》に、統一的に、そして簡単に解けるのにも似ている。

機械的《メカニカル》な計算（推論）、そして、客観的な推論は、数の世界にデカラージュすることによって、はじめて可能となる。

ひとり、「邪馬台国問題」だけが例外であろうか？

私の考えでは、「邪馬台国問題」は、データサイエンス的には、解くのが、それほどむずかしい問題ではない。すくなくとも、「日本語の起源問題」ほどには、面倒な問題ではない。

別種の問題の存在

ただ、「邪馬台国問題」の解決をむずかしくしているまったく別種の問題がある。

データサイエンスの骨格をなす統計学は、イギリスの統計学者、フィッシャー（Fisher,R.A. 1890～1962）によって、1920年代に、いわゆる「推計学（推測統計学)」が提唱され、大きな変革がもたらされた。それまでの統計学は、観察・記述の学であったものが、確率論にもとづいて、推測の方法を与える学となった。実際の問題を解決する学となった。

以後、統計学は、小標本の理論、ベイズの統計学、多変量解析論や深層学習、ビッグデータ論など、コンピュータの発達普及とともに、急速な進化発展をとげた。

各学問分野は、きそって、これらの方法をとりいれた。しかるに、考古学の分野で発言力をもつ一群の人々(以下、「一群の人々」と呼ぶ)は、およそ、この100年間、このような動向に、まったくといってよいほど、無関心で、このような方法をとりいれる学問的伝統が作られなかった。

考古学の分野でも、「日本情報考古学会」が存在し、さきに、『源氏物語』の「宇治十帖」についてのところで紹介した統計学者で、計量文献学者の村上征勝氏が、日本情報考古学会の会長をされていたこともあるが、「情報考古学」は、まだなお、考古学の分野で、主流的な位置を占めるには、いたっていないといえるであろう。

そのため、考古学の分野では、いまや、厖大なデータをかかえながら、そのデータにもとづく、分析・推測の方法は、いまだ、前々世紀の19世紀段階をぬけでているとはいいがたい。

そのため、考古学の「一群の人々」と、討論や話をしても、異なる言語を用いる外国人と話しているようなもので、話が、まったくといってよいほど通じない。

共産中国の建設者、毛沢東《もうたくとう》はかつてこう述べた。

「揚子江《ようすこう》は、あるところでは北に流れ、あるところでは南に流れ、あるところでは西にすら流れている。しかし、大きくみると、かならず西から東へ流れている。」

統計学は、全体的な状況をつかもうとする学問であるといえる。

特定の岸辺に立った観察事実だけにもとづき、それを拡大解釈をすれば、揚子江は、西に向って流れているとでも、北に向って流れているとでも、南に向って流れているとでも、なんとでもいえる。

考古学の専門家によって、「考古学的には、これが正しいのです」と強く主張されると、他の分野の研究者は、考古学においても、他の分野と、同じ水準で研究・証明が行なわれており、その研究によって得られた結論による主張であろうと、ともすれば思いがちである。

しかし、くわしく調べてみると、じつはそうではない。自信が強いことと、所論が正しいこととは、かならずしも比例しない。


まず、土俵をきめなければ……


「日常言語」の範囲で議論をし、大幅に「解釈」を加えてよければ、「白を黒」とすることも、「黒を白」とすることも、自在となる。

「議論で勝った方が、正しい」「マスコミで発表できた方が正しい」、ということにはならない。

「証明」とはどのようなことか、なにが「証明」になり、なにが「証明」にならないか、その外ワクを、あらかじめ、定めておく必要がある。

第二次大戦後、わが国に、推計学（推測統計学）を導入した増山元三郎氏は、述べている。

「検定のない調査は、随筆に等しい。」

「随筆」では、「証明」にならない。

邪馬台国問題の基本的な部分は、「考古学的データ」によるばあいも、データサイエンス的方法によって、解決をみていると、私は考える。

非常に乱暴なたとえを用いることを許していただきたい。私には、事態が次のようにみえるのである。

将棋で、王将は、すでに、詰んでいる。しかし、その結果は、次のような理由によって、みとめられない。

「将棋は、人間力によって戦うべきである。そこへ、ボナンザのような、コンピュータのソフトウェアを用いることは、許されない。ルール違反である。それは、スポーツの分野のマラソンで、自転車や自動車を利用するのと同じようなものである。その結果は、みとめられない」

つまり、ゲームやスポーツをしているのか、科学をしているのか、そもそもの「土俵」

が違うのである。

畿内説と九州説と、相撲《すもう》をとらせようとすると、まず、「土俵」の設定をどうするか、という問題になってしまい、問題の決着がつかなくなるのである。

こちらからみると、さきの、「将棋は、人間力のみによって戦うべきである」というような論理は、日本の考古学の分野の中でのみ用いられる「土俵」のように見える。日本の考古学の「一群の人々」は、その土俵の中でのみ相撲をとることを主張する。

科学や学問はゲームやスポーツではない。

教えをうけた先生や、先輩や、まわりの人がそうしているからといって、「人間力」だけによって問題を解かなければならない前提はない。

代数や微分によって、簡単に解ける問題を、算数や、日常言語の使用のみによって解かなければならないというルールはない。

新しい技術や機械を、どんどん用いてこそ、科学は進歩する。

現代は、計算においては、「人間力」による筆算の修練をするよりも、コンピュータの使い方に習熟すべき時代である。

現代においては、物ごとの判定は、機械の方が、正確で、簡単なのである。体温は、額に手をあてて測るよりも、体温計で測るほうが正確である。かりに、体温計に、人間味はないとしても。

「邪馬台国問題」は、ある薬が、新型コロナウイルスに効《き》くかどうか、と同じように、「証明」を必要とする「科学」の問題である。

「人間力」だけによって解くことを競《きそ》う「ゲーム」ではない。

病気は、自然治癒力によってでも、なおることがある。

アメリカの前大統領のトランプ氏は、マラリアの薬「ヒドロキシクロロキン」を飲んだ。そして、トランプ氏は、新型コロナウイルス感染症にかかり、なおった。このような例だけをとりあげ、マスコミに発表、宣伝したからとって、「ヒドロキシクロロキンが、新型コロナウイルス感染症に効く」ということにはならない。

「天動説」でも、「地動説」でも、どんな説にも、「解釈」を加えれば、その説にとって、有利なようにみえる「事実」がある。有利にみえる「事実」だけをとりあげて強調、主張すれば、「証明」をした、ということになるわけではない。

自説にとって有利にみえる「事実」だけをとりあげて主張する議論の方法は、「チェリィピッキング」といわれる。おいしそうなサクランボだけをつまむという意味である。

「肉眼観察主義」は、なぜだまされるのか

日本の考古学の中だけで用いられる「土俵」の原型というか、典型は、大正～昭和時代の考古学者、梅原末治《うめはらすえじ》（文学博士、京都帝国大学文学部史学科教授、京都大学名誉教授、1893～1983）によって設定されたといってよい。梅原末治の考古学については、次の第2章で、ややくわしくとりあげる。

梅原の考古学は、一口でいえば、「発掘を、できるだけ精密に行ない、遺跡・遺物の観察と記録を、できるだけ正確・詳細に行なう」というものである。「記述考古学」というべきものである。

しかし、これは、本質的に、「技術」である。得られたデータにもとづき、過去を、構造的に推測・復元する「科学」と、そのまま結びつくものではない。梅原考古学は、過去を推測・復元するための質のよいデータを提供するものではある。しかし、過去を、客観的に、構造的に、正確に復元するためには、「梅原考古学」とは別種の「科学」を必要とする。

「邪馬台国問題」は、土俵の設定のしかたじたいを検討し、行司の軍配のあげ方について

も、行司（いわゆる専門家）の過去の経験による判断だけによるものではなく、客観化、機械化《メカニカル》、科学化をはからなければならない。そうでなければ、同じ考古学の専門家であっても、意見が異なることは、容易におきうる。

また、梅原流の、「肉眼観察主義」の考古学が、しばしば、ニセモノをつかまされていることにも、注目する必要がある。

梅原じしんも、ニセモノの勾玉などをつかまされて事件になっている。旧石器捏造事件は、ニセモノ事件の代表的なものである。

王趁意《おうちんい》なるあやしげな人物が提出した「洛陽発見の三角縁神獣鏡《さんかくぶちしんじゅうきょう》」なるものがある。これがインチキ物であることは、拙著『邪馬台国全面戦争』（勉誠出版、2017年）の中で詳論した。三角縁神獣鏡は、日本の、おもに3〜4世紀の古墳などから出土する直径の平均が22センチほどの大型の銅鏡で、背面に神仙像や竜・虎などの獣形（神獣）が描かれている。「三角縁」は鏡の縁の断面が三角形をしている形状を指す。古代中国の魏と倭の邪馬台国女王、卑弥呼を結び付ける遺物として、たびたび論議されてきた。ただ、わが国からは、400面以上出土しているのに、中国での出土例はない。もし魏の皇帝が卑弥呼に下賜《かし》した鏡が三角縁神獣鏡なら、中国からも出土しそうなものである。三角縁神獣鏡に

カバーする地域	分類	出土数（面）	小計
吉林省	北中国	142	
河北省	北中国	167	
山東省	北中国	462	
河南省洛陽市	北中国	214	
河南省洛陽市。ただし、『洛陽出土銅鏡』『南陽出土銅鏡』『中国青銅器全集16 銅鏡』などに所載のものと重なるものはのぞく。	北中国	213	2234
河南省南陽市	北中国	500	
陝西省西安市	北中国	336	
陝西省のうち西安市をのぞく	北中国	77	
寧夏回族自治区固原市	北中国	123	
浙江省	南中国	262	
湖北省鄂州市	南中国	268	
湖南省常徳市	南中国	188	
湖南省長沙市	南中国	82	
湖南省のうち、常徳市と長沙市をのぞく	南中国	8	1292
安徽省六安市	南中国	253	
安徽省淮安市	南中国	32	
広西省	南中国	160	
四川省	南中国	39	
上記のものと重ならない地域のものをひろう。			
河南省6、陝西省8、山東省2、山西省4、黒竜江省1、遼寧省5、青海省1、内蒙古自治区2	北中国	29	47
湖北省2、湖南省1、江蘇省5、安徽省7、広東省2、雲南省1	南中国	18	
合計		3573	3573

表4 中国における銅鏡の出土数

番号	文献名	出版社	発行年
1	『吉林出土銅鏡』	中国・文物出版社	1990
2	『歴代銅鏡紋飾』	中国・河北美術出版社	1996
3	『鑑燿斉魯』	中国・文物出版社	2009
4	『洛陽出土銅鏡』	中国・文物出版社	1988
5	『洛鏡銅華』	中国・科学出版社	2013
6	『南陽出土銅鏡』	中国・文物出版社	2010
7	『長安漢鏡』	中国・陝西人民出版社	2002
8	『千秋金鑑—陝西歴史博物館蔵銅鏡集成』	中国・陝西出版集団三秦出版社	2012
9	『固原銅鏡』	中国・寧夏人民出版社	2008
10	『浙江出土銅鏡』	中国・文物出版社	2006
11	『鄂州銅鏡』	中国・鄂州市博物館	2002
12	『常徳出土銅鏡』	中国・岳麓書社	2010
13	『楚風漢韻・長沙市博物館蔵鏡』	中国・文物出版社	2010
14	『銅鏡図案—湖南出土歴代銅鏡』	中国・湖南美術出版社	1987
15	『六安出土銅鏡』	中国・文物出版社	2008
16	『淮安市博物館蔵鏡』	中国・文物出版社	2011
17	『広西銅鏡』	広西壮族自治区博物館編、中国・文物出版社	2004
18	『四川省出土銅鏡』	中国・文物出版社	1960
19	『中国青銅器全集 16 銅鏡』	中国・河北美術出版社	1996

ついては第2章で、より詳しく論じる。

中国からは、正式な発掘によって、3500面以上の青銅鏡（銅鏡）が出土している（諸報告書類によって、私が確認した面数は、3573面）。その中には、「三角縁神獣鏡」は、1面も存在しない。しかるに、王趁意氏は、十数面の「三角縁神獣鏡」を、つぎつぎととりだしてみせる。これは、確率論的な基準からいって、インチキ物であると、簡単に判断される。それを、日本の考古学の「専門家」が、「王趁意氏にあい、実物を私が肉眼でみて判断したのであるから、本物の中国出土の三角縁神獣鏡である」などと、マスコミなどで、強く主張する。しかし、その「肉眼でみた判断が正しい」という客観的根拠《エビデンス》が提出されていない。

金石学が専門の鈴木勉氏の書かれた『「漢委奴国王」金印・誕生時空論』（雄山閣、2010年）という本がある。

この本のなかに、次のような文章が記されている。

「今ひとつ、卑近な事例を報告しておきたい。筆者の友人が数年前に**北京の骨董市**で、一面の人物車馬画像鏡（安本注　わが国では、三角縁の『人物車馬画像鏡』系の鏡は、『三角縁神獣鏡』の中にいれられている）を購《あがな》った。最初は日本円で5万円くらいに言われた鏡であったが、2度も3度もその店に出たり入ったりした彼の粘り強い交渉の結果、その現代鏡は約8000円で購入することができた。同行した筆者も、それまでに幾面もの出土画像鏡を見ていたので、その人物画像鏡の出来のすばらしさ（出土画像鏡によく似ていること）がよく判った。帰国後、筆者は、その鏡を友人から預かり、当代の著名な古鏡の研究者が集まる研究会に持ち込んだ。失礼がないように言っておくのだが、研究者達の鑑識の力量を試そうとしたのではない。私は本当に彼らの研究者としての力を信頼している。ただ現代中国の鏡造り工人の技術水準を確かめたかったのである。**いつの時代も、偽物作りは、その工人と識者の鑑識眼との凌ぎ合いであるからだ。**

高名な研究者達にこの鏡を見てもらったが、誰一人として現代鏡だと指摘することはなかった。現代の研究者は、戦前の著名な研究者以上に数多く古文化財を観察調査している。これは間違いないことだ。さらに、彼らは確かな基準資料である出土資料を数多く見ている。であるから、現代の一流の研究者達が戦前の研究者に鑑識眼で劣ることはまずない。それほど、現代の研究者は良いものを沢山見ており、研究環境は戦前とは比べものにならない。しかし、近現代の偽物作りの技術水準は、それを凌ぐ、と認めざるを得ない。**筆者は、いかに高い鑑識眼を持つ権威者と言えども、肉眼では偽物作りに立ち向かうことは出来ないのではないかと、考えている。**」

つまり、8000円以下の費用で、専門家が見ても本ものと区別がつかないような、すばらしい偽造鏡を、つくることができるということである。

マスコミで報道された王趁意氏提出の「三角縁神獣鏡」とは別に、王趁意氏の保証書（箱書き的なもの）のついた「三角縁神獣鏡」を、かなりな価格で買ってきた日本の人もいる。「先生は、これを、どう思われますか」ということで、その保証書のコピーと、鏡の写真とを、私のところへもってこられた方がいる（購入者の方ではないが）。王氏に簡単にだまされる考古学の「専門家たち」（複数であることに注意）は、王氏の商売のお手伝いをしているのである。

これに類した問題があった。そうだ。旧石器捏造事件である。

旧石器捏造事件がおきたとき、人類学者で、国立科学博物館人類研究部長（東京大学大学院理学系生物科学専攻教授併任）の馬場《ばば》悠男《ひさお》氏が、私が「洛陽発見の三角縁神獣鏡」について述べたのと同じようなことを語っている。

「私たち理系のサイエンスをやっている者は、**確率統計学などに基づいて**『蓋然性が高い』というふうな判断をするわけです。偉い先生がこう言ったから『ああ、そうでございますか』ということではないのです。ある事実が、いろいろな証拠に基づいて一〇〇%ありそうか、五〇%か、六〇%かという判断を必ずします。**どうも考古学の方はそういう判断に慣れていらっしゃらないので、たとえば一人の人が同じことを何回かやっても、それでいいのだろうと思ってしまいます。**今回も、最初は変だと思ったけれども何度も同じような石器が出てくるので信用してしまったというようなことがありました。これは**私たち理系のサイエンスをやっている者からすると、まったく言語道断だということになります。**」

「経験から見ると、国内外を問わず、何カ所もの自然堆積層から、同じ調査隊が、連続して前期中期旧石器を発掘することは、**確率的にほとんどあり得ない（何兆分の1か?）ことは常識である。**

だからこそ、私は、東北旧石器文化研究所の発掘に関しては、**石器自体に対する疑問**

や出土状況に対する疑問を別にして、この点だけでも捏造と判断できると確信していたので、以前から、関係者の一部には忠告し、拙著『ホモ・サピエンスはどこから来たか』にも『物証』に重大な疑義があると指摘し、前・中期旧石器発見に関するコメントを求められるたびに、マスコミの多くにもその旨の意見を言ってきた。

しかし、**残念ながら、誰もまともに採り上げようとしなかった。とくに、マスコミ関係者の、商売の邪魔をしてもらっては困るという態度には重大な責任がある。**」（以上、春成秀爾編『検証・日本の前期旧石器』学生社、2001年）

確率論的にみれば、「洛陽発見の三角縁神獣鏡事件」も、「旧石器捏造事件」も、問題の構造は、同じである。

ふつうの科学の基準では、ある仮説にしたがうとき、計算をすると、一定の確率（ふつうは、100分の5か100分の1以下でしか起きないことが起きたことになるときは、もとの仮説は捨てる（棄却する）「約束」になっている。機械的《メカニカル》に棄却することによって、議論の客観性をたもつという「基準」をもうけている。

それを、「どんなに小さな確率でも、起きえないとはいえない。げんに、志賀島《しかのしま》から、

『漢委奴國王《かんのわのなのこくおう》』金印が出土するというようなことが起きる確率は、1万分の1よりも小さいはずだ。考古学上の大発見などみなそうだ」というような類の議論によって、自説を主張する。

しかし、藤村新一氏のばあいも、王趁意氏のばあいも、特定の人との関連で、何回も、同じようなことが起きている、という「構造」に注目すべきである。

金印のばあいでも、特定の人との関連で、10個ぐらい出土したならば、なにかの手品ではないか、と疑うべきである。

考古学の分野では、「永仁《えいにん》の壺事件」という贋作騒動もあった（これも、拙著『邪馬台国全面戦争』の中で、紹介した）。

あらかじめ自説をもち、自説は正しいものであって欲しいと強く願うと、その自説にあうものをとりだしてみせる者が出現する。そして、それに容易にひっかかる。「肉眼観察主義」の客観性のない議論をしていると、このようなことになる。鏡の真贋を議論するのなら、せめて、鏡にふくまれる鉛の同位体比ぐらいは、測定した上で主張すべきではないか。

東京大学名誉教授の医学者、黒木登志夫氏は、その著『研究不正』（中公新書、中央公論新社、2016年）で、12年に発覚した、ある麻酔科医のおこした一連の論文捏造事件について、次のように記す。

「学会とジャーナルは積極的に自浄能力を発揮した。特に、日本麻酔科学会の報告書は、今後のお手本になるだろう。」

そして、旧石器捏造事件については、次のように記す。

「日本考古学協会は、検証委員会を立ち上げたが、ねつ造を指摘した竹岡（俊樹）と角張《かくばり》（淳一《じゅんいち》）は検証委員会に呼ばれなかった。ねつ造発見の一〇日前に発行された岡村道雄の『縄文の生活誌』は、激しい批判にさらされ回収された。しかし、岡村は、責任をとることなく、奈良文化財研究所を経て二〇〇八年退官した。」

「SF（藤村新一）のねつ造を許したのは、学界の長老と官僚の権威であった。その権威のもとに、相互批判もなく、**閉鎖的で透明性に欠けたコミュニティが形成された。**」

この黒木登志夫氏の文中にでてくる竹岡俊樹氏は、かねてから、旧石器が捏造物であることを、告発していた。『毎日新聞』のスクープ記事が出るまえからである。しかし、考古学界の大勢は、それを無視しつづけていた。

竹岡氏は、事件発覚後、述べている。

「私がさらに情けないと思うのは、発覚の後の対応である。自らの行ってきた学問に対する反省はまったく行われなかった。藤村というアマチュアや、文化庁(岡村)に責任を押し付け、その上、批判する者を排除しつづけた。検証は名誉職が好きな『権威者』たちによるパフォーマンスにすぎず、生産的なことは何もおこなわれなかった。」

「この十数年間待っていたが何も変わらなかった。」(『考古学崩壊』勉誠出版、2014年)

会社の不正を告発した社員を、会社が圧迫しつづけているのと同じような印象をうける。

旧石器捏造事件は、現在も、日本考古学の世界のある種の体質がどのようなものであるかについての「情報《シグナル》」を、世間に発信しつづけることになった。

それは、すなわち、次のような「情報《シグナル》」である。

「この考古学の世界では、エスタブリッシュメント（既成の権威、制度、組織）の、『組織の論理』のほうが、『科学や学問の論理』よりも強いのですよ。

まず守られなければならないのは、組織や伝統です。科学や学問的に真実と思われることを優先するのは、この世界の中で、組織人として生きて行く上で、政治的にも経済的にも、不利になることがありますよ。」


考古学の分野では、エスタブリッシュメントが存在し、そこでは、「組織人としての論理」のほうが、「科学者、学者としての論理」よりも強い。

考古学の世界の組織や文化が、大きな問題をもっていることを示している。

学問や科学の世界では、疑問のある見解に対しては、論理や証拠によって反論すべきである。組織の中で不利益をもたらしますよ、というシグナルを送って、口を封じようとすべきではない。

方法も空気も、前々世紀的なものがあるようである。

これでは、組織は守られても、学問は守られない。科学は守られない。

このような文化になれてしまうと、非合理を非合理と思えなくなってしまう。

徳川家康が言ったという「不自由を、常と思えば不足なし」ということばがあるが、「非合理も、常に習えば、慣《な》れてくる」状況になる。正しいように思えてくる。慣れてしまえば、不合理な行動をとっていることも、わからなくなる。

失敗から学ばなければ、同じような事件が、くりかえされることとなる。

そして、それを、国立の大学の先生や、教育委員会などの研究者が行なえば、税金の無駄づかいとなる。

同志社大学の教授であった森浩一(1928〜2013)は、述べている。

「ぼくはこれからも本当の学問は町人学者が生みだすだろうとみている。官僚学者からは本当の学問は生まれそうもない。」

「今日の政府がかかえる借金は、国立の研究所などに所属するすごい数の官僚学者の経費も原因となっているだろう。」(以上、『季刊邪馬台国』102号、梓書院、2009年)

「僕の理想では、学問研究は民間(町)人にまかせておけばよい。国家が各種の研究所などを作って、税金で雇った大勢の人を集めておくことは無駄である。そういう所に勤

めているとつい権威におぼれ、研究がおろそかになる。」（『森浩一の考古交友録』［朝日新聞出版、2013年］）

これは率直にして、かつ、きわめて深刻な意見である。森浩一は、見聞きした経験にもとづく本音を述べている。

「肉眼観察主義」と「属人主義」との問題点

考古学の分野で、ある見解が確かであることを「証明」する方法として、多用されているのが、「肉眼観察主義」と「属人主義」であるようにみえる。

ここで、「肉眼観察主義」は、「百聞は一見にしかず。この眼でよく見たのであるから確かである」というものである。

「属人主義」は、「専門家のA氏あるいは、私じしんの発言であるから確かである」というものである。

そして、これらを確かなものとした上で、議論は、次の段階に進む。

しかし、このような方法は、客観性に欠けている。しばしば、大きな誤りをもたらしている。

京都大学の教授で、考古学の権威者であった梅原末治は、「勾玉事件」で、ニセの勾玉をつかまされたときに発言したことばは、**「ガラスのいい悪いを決めるのは私です」**というものであった。これは、「洛陽発見の三角縁神獣鏡」のばあいに、考古学の「専門家」が、「私が見たのだから確かです」と述べているのと、同じ構図である。

これは、「考古学のモノサシを定めるのは私です」という「属人主義」の主張で、むかしのギリシャのソフィスト（職業教育家）のプロタゴラスの「万物の尺度は人間である」を、思いおこさせる。

しかし、自信の強さは、「証明」の確からしさと、かならずしも比例しない。

「永仁の壺事件」では、ニセ物の壺を作ったのは、人間国宝とされた人物であった。そして、考古学の「専門家」もだまされた。

「旧石器捏造事件」では、何人もの「専門家」が、肉眼で、しかと見たはずなのに、インチキ物であった。

「神の手」を信じたのでは、「属人主義」が、宗教の段階に近づいたことを示している。

考古学の「専門家」は、しばしば、考古学以外の人の発言を、「専門家以外の人の、余計な口出し」のようにとりあつかい、とかく無視しがちである。

しかし、「勾玉事件」のときに、それがニセ物であることを指摘したのは、ガラス工芸の専門家であった。

「旧石器捏造事件」のさいに、それがはっきりとした「ニセ物」であると「証明」したのは、毎日新聞社の取材班のビデオカメラであった。

いずれも、考古学の「専門家」ではない。

それまでは、考古学の分野での自浄作用は働かず、ニセ物が、ホンモノとしてまかり通っていた。考古学の「専門家」は、なにをしていたのか。

「肉眼観察主義」や「属人主義」がきわまるところ、事件がおきやすい。のっぴきならないところまでつき進むから、大事件になるのである。

それは、「肉眼観察主義」や「属人主義」は、科学の方法として、長い時間をかけて洗練され、客観化されてきたものではなく、主観的判断のはいりやすい、日常生活の経験にもとづく「素朴な経験主義」であるからである。

人間は、あやまちをおかしやすい存在であることをみとめず、みずからをモノサシにするからである。

「属人主義」は、また、データにもとづいて判断せずに、大学の先生や先輩、あるいは、その大学での伝統的見解を優先し、それにもとづいてデータを「読みとる」、または、「解釈する」という姿勢を、生みがちとなる。

他の分野では、何でもなく通る方法や論理が、考古学の分野では、なかなか通らない。

ここに、大きな問題がある。

次章以下では、このようなことを、「邪馬台国問題」に即して、具体的にお話ししてみたい。

第2章

邪馬台国問題をデータサイエンスで解く

そんなに、むずかしい問題なのか?

1 確率を計算する方法

ベイズの統計学の適用

最近のデータサイエンスの進歩は、めざましい。とくに、世間の耳目を集めたのは、碁、将棋、チェス、オセロ、五目ならべなどのゲームにおいては、いまや、いかなる名人、上手といえども、コンピュータに勝てなくなってしまったことである。

たとえば、碁では、2017年5月に、グーグル傘下のディープマインド社の「アルファ碁」が、世界ランキング第1位の中国の柯潔氏を、3勝無敗で圧倒している。

将棋でも、同じ年の同じ月に、山本一成氏ら開発の「ポナンザ」が、佐藤天彦《あまひこ》名人に、2連勝し、電王戦を制している。

チェスでは、すでに、1997年に、IBMのスーパーコンピュータ「ディープブルー」が、ロシアのチェス世界チャンピオン、ガルリ・カスパロフを破っている。

これらのゲームでは、一手一手について、最終「勝率（勝つ確率）」を、コンピュータが示すことができる。さらに、コンピュータ同士を戦わせて、より勝率の高いソフトウェアを開発することができる。文字どおり、機械的《メカニカル》に、打つ手が定められて行くのである。

将棋において、コンピュータのプログラム（人工知能）のポナンザを開発した一人、山本一成氏自身は、将棋の名人ていどの棋力をもつ人ではない。しかし、コンピュータを利用してなら、名人を、圧倒することができた。

新幹線の運転士は、運動選手ほど、速く走れる人ではない。しかし、列車を運転してなら、いかなる運動選手よりも速く、目的地に達しうる。

それが、科学・技術の進歩というものである。

機械または機械的《メカニカル》な方法を用いれば、はるかに速く、はるかに簡単に、目的地に達することができる。

「邪馬台国は、畿内か九州か」という問題であれば、データにもとづいて、邪馬台国が、「畿内にあった確率」と、「九州にあった確率」とを、計算して、比較すればよい。機械的《メカニカル》に、答えを求めればよい。

これが、データサイエンスの考え方である。そして、データサイエンスは、すでに、このような問題を解く方法を提供している。

「邪馬台国問題」は、碁や将棋にくらべれば、はるかに簡単な問題のようにみえる。

これについては、拙著『邪馬台国は99・9%福岡県にあった―ベイズの新統計学による確率計算の衝撃』(勉誠出版、2015年)の中で、方法、データ、結論を、ややくわしく述べた。この章では、その要点のみをまず記す。

どうか、読者の方々は、自説に不都合なものは、すべて無視《スルー》する、というのではなく、検討をしてみて欲しい。

邪馬台国問題は、日本古代史全体の中で考えるべき問題である。その問題を、「考古学の中のある特定の立場」、あるいは、「鏡の問題」という狭い範囲に限って、その中で解決できるはずのものときめて発言する。それが、「専門家」のすることであるとし、それ以外は、「専門外の人の発言」として無視する。このような方法は、すでに述べたように、失敗をくりかえしてきた方法である。

簡単なところから、話をはじめる。

寺沢薫氏の庄内式土器時代の鏡のデータ

まず、「鏡」についてのデータをとりあげる。

『魏志倭人伝』には、魏の皇帝が、倭王卑弥呼に「銅鏡百枚」を与えたことを記している。『魏志倭人伝』の正始《せいし》元年（240）の条にも、倭王に「鏡」を賜ったことを記している。「邪馬台国」がどこにあったかはわからない。しかし、倭国に鏡がもたらされたことはたしかである。

そして、わが国では、そのころのものとみられる鏡が多数出土している。

たとえば、「邪馬台国＝畿内説」の立場にたつ、桜井市の纒向《まきむく》学研究センター所長の考古学者、寺沢薫氏は、そのころの土器の時代（庄内式土器の時代）に出土した鏡として、**表5**のようなデータを示しておられる。

ただし、**表5**の、いちばん左の欄の、四角のなかの「238年、または、239年卑弥呼遣使」は、私・安本の書きいれである。また、最初の「（以前略）」と最後の「（以下略）」も、私の書きいれである。

表5をみれば、寺沢薫氏が、庄内様式の土器の時代を、大略邪馬台国前後の時代と考えておられることがわかる。

寺沢薫氏は、庄内様式期の時代を、西暦200年をすこし過ぎたころから、255〜260年前後ごろまでに、あてておられる。

250			福岡・馬場山S5(斜方Ⅶ△) 福岡・岩屋S(双ⅡG△) 福岡・平S(夔鳳△) 福岡・上所田SD(斜細獣Ⅵ△、四連Ⅰ△)◎ 福岡・五穀神S(方Ⅲ')◎ **大分・川部南西地区1号方形墓S2(鳥)◎** **佐賀・町南103住(双ⅡDorE▲)** **佐賀・柴尾橋下流004溝(四連Ⅰ)◎** **佐賀・志波屋六本松2・3号墓周壕(双ⅡGorH△・ⅢKorL△)** 佐賀・中原SP13231・M(斜上浮四獣※) 佐賀・城原三本谷S(方Ⅰ'▲)◎ **長崎・塔ノ首S4(方Ⅶ)** **熊本・狩尾湯の口S2(画同▲)**	**大阪・加美84−1区2号方形墓M(蝙連Ⅰ△)** **奈良・ホケノ山古墳石覆木槨(画同・画同△・四連△◎)伝(四連Ⅰ◎・画同)** **京都・上大谷6号墳M(夔鳳3A)** **京都・太田南2号墳M(画環※)◎** **京都・豊富狸谷17号墓M2(上浮四獣△)／M3(細獣Ⅵ)◎** **滋賀・斗西ヤナ(四連VA▲・VB▲)** **三重・東山古墳M(斜上浮四獣)▲** 千葉・鳥越古墳M2(方Ⅵ▲)◎
	土師器−3様式(古)	布留0様式(古)	**福岡・津古生掛古墳M(方VC)◎** **福岡・祇園山古墳K1(画環△)** 福岡・郷屋古墳(三四)◎	山口・国森古墳木槨(異V')◎ **広島・中出勝負峠8号墳M8(異V')◎** **広島・石槌山2号墳M1(蝙連Ⅰ▲)** (以下略)

出典:寺沢薫『弥生時代政治史研究　弥生時代の年代と交流』(吉川弘文館、2014年刊)から作表。
(注)①出土遺構を以下の略号で示す。
K:甕(壺)棺墓、D:土壙墓、S:石棺墓、SD:石蓋土壙、MD:木蓋土壙、M:木棺墓、石槨:竪穴式石槨、木槨:竪穴式木槨、礫槨、住:竪穴住居、SK・SP:土坑、溝:溝(その他、必要に応じて遺構略号の後に報造書での遺構名を付したものもある)。
②鏡式の略号は以下の通りとし、後に型式名を付す。
異:異体字銘帯鏡、虺龍:虺龍文鏡、鳥:八鳥(禽)文鏡、方:方格規矩(四神)鏡、細獣:細線式獣帯鏡、浮獣:浮彫式獣帯鏡、盤:盤龍鏡、四連:四葉座鈕連弧文鏡、円連:円座鈕連弧文鏡、蝙連:蝙蝠座鈕連弧文鏡、獣首:獣首鏡(変形四葉文鏡)、双:双頭龍鳳文鏡、夔鳳:夔鳳文鏡、単:単夔文鏡、飛:飛禽鏡、上浮六(四)獣:「上方作」系浮彫式六像式(四像式)獣帯鏡、画像:画像鏡、四獣:四獣鏡・四禽鏡、画同:画文帯同向式神獣鏡、画環:画文帯環状乳神獣鏡、神:神獣鏡(二神二獣、四神四獣など)、同神:同向式神獣鏡。
③外縁型式は、平縁は無記名とし、斜:斜縁、三:三角縁を付す。
④鏡の形状、性格を以下の通り表示する。
※:破砕鏡、△:鏡片(ただし一部を欠いて研磨されていても原鏡と考えられる鏡は完形鏡として扱う)、▲:懸垂鏡、◎:仿古鏡・復古鏡または踏み返し鏡の可能性の高いもの。
⑤明朝体による表示は土器などからの直接的な時期比定資料を欠くか、不十分なもの。

表5 庄内様式期の出土鏡（寺沢薫氏による）

西暦	相対年代（土器・甕棺様式）		出土遺跡・遺構（鏡式）九州	出土遺跡・遺構（鏡式）以東
200	後期—7様式［KV］	畿内Ⅵ—2	**佐賀・中原ST13414・M（四連Ⅳ）** 福岡・宮原Ｓ3（四連Ⅲ′・Ⅳ） 福岡・笹原（四連Ⅳ） 福岡・日佐原Ｅ群Ｄ15（四連Ⅳ′） **福岡・高津尾16区Ｄ40（方Ⅵ）** **福岡・みくに保育所1住（方Ⅵ△）** 長崎・原の辻Ｄ地区SK9（四連Ⅳ）	（以前略） **兵庫・西条52号墓石槨（四連Ⅲ※）** **鳥取・秋里9溝（四連ⅢorⅣ△）**
	土師器—1様式［KV］	庄内様式（古）	**福岡・原田Ｓ1（単）◎／SD（四連ⅤＢ′）** **福岡・三雲寺口Ｓ2（蝙連Ⅰ）** **福岡・馬場山Ｄ41a（双ⅠＣ△）** **福岡・徳永川ノ上Ⅰ区MD6（方Ⅵ△）／Ⅰ区Ｄ8（三画像△）／Ⅳ区SD19（斜盤ⅠＢ′）** 福岡・長谷池SD2（方Ⅵ′） 福岡・谷頭Ｓ（蝙連Ⅰ） **佐賀・中原ST13415・M（四連Ⅳ′・四連Ⅳ′・方VC′）※** 佐賀・藤木SD（四連Ⅳ′orVB′） **長崎・椎ノ浦Ｓ（円連Ⅲ）**	**山口・朝田3号台状墓石槨（蝙連Ⅱ′）** **広島・壬生西谷M33（四連Ⅰ）◎** **愛知・朝日北環境濠Ｄ（虺龍ⅡＢ？▲）** 愛媛・土壇原Ⅵ区Ｄ36（方Ⅶ△） 愛媛・東本4次SB302（方△） **石川・無量寺ＢⅡ区1溝（双ⅠＣ▲）** 愛知・石座神社3002SI（方VA△）
238年、または、239年卑弥呼遣使	土師器—2様式	庄内様式（新）	**福岡・良積Ｋ14（三方Ⅶ）** **福岡・向田Ⅰ－Ｓ7（四連VB′）** 福岡・藤崎Ｓ（斜方Ⅶ） **福岡・徳永川ノ上2号墓（方Ⅱ△）◎／4号墓S4（蝙連Ⅰ′）** 福岡・前田山1区Ｓ9（蝙連Ⅱ′） 福岡・汐井掛Ｓ4（斜方Ⅶ）／Ｓ6（円連Ⅲ△）／M28（三飛） 福岡・酒殿Ｓ2（獣首） 福岡・山鹿石ヶ坪Ｓ2（斜双Ⅰ？△） **福岡・野方中原Ｓ1（上浮四獣△）／Ｓ3（蝙連Ⅱ）** **福岡・野方塚原Ｓ1（三浮獣Ⅲ△）** **福岡・御笠地区Ｆ－3住（蝙連Ⅰ△）**	**愛媛・朝日谷2号墳MA（斜神、禽獣）◎** 愛媛・治平谷7号墳M（円連Ⅲ）◎ 愛媛・相の谷9号台状墓Ｓ1（細獣ⅣＡ▲） **岡山・鋳物師谷1号墳石槨Ａ（虺龍ⅡＢ）◎** **徳島・萩原1号墳石囲木槨（画同※）** 兵庫・綾部山39号墳石囲石槨（画環※） 兵庫・白鷺山Ｓ1（蝙連Ⅱ△）◎ **兵庫・岩見北山1号墳石槨（四連Ⅳ※）◎**

また、**表5**をみれば、いわゆる「三角縁神獣鏡」は一面もふくまれていない。寺沢氏は「三角縁神獣鏡」を、「庄内様式期」よりも、あとの時代の鏡とみておられるようである。

さて、**表5**をもとに、庄内様式期に出土した鏡を、各県別の出土数にわけてカウントし、まとめれば、**図6**のようになる。

図6をみれば、次のようなことがわかる。

(1) 寺沢薫氏の示されたデータでは、庄内様式期の鏡が、全国で、71面示されていることになる。
(2) そのうちの半数近い30面が、福岡県から出土している。
(3) 奈良県からは、3面出土している。
(4) 福岡県からの出土数は、奈良県からの出土数の、10倍である。

奥野正男氏、小山田宏一氏、樋口隆康氏の鏡のデータ

じつは、庄内期のころの出土の鏡については、寺沢薫氏以外に、次のような方々も、同様の調査を行なっておられる。カッコ内は各氏の学説上の立場を安本が便宜上仮に記した。

(a) 奥野正男氏（邪馬台国九州説）

図６　寺沢薫氏の資料による県別・庄内期の鏡の出土数

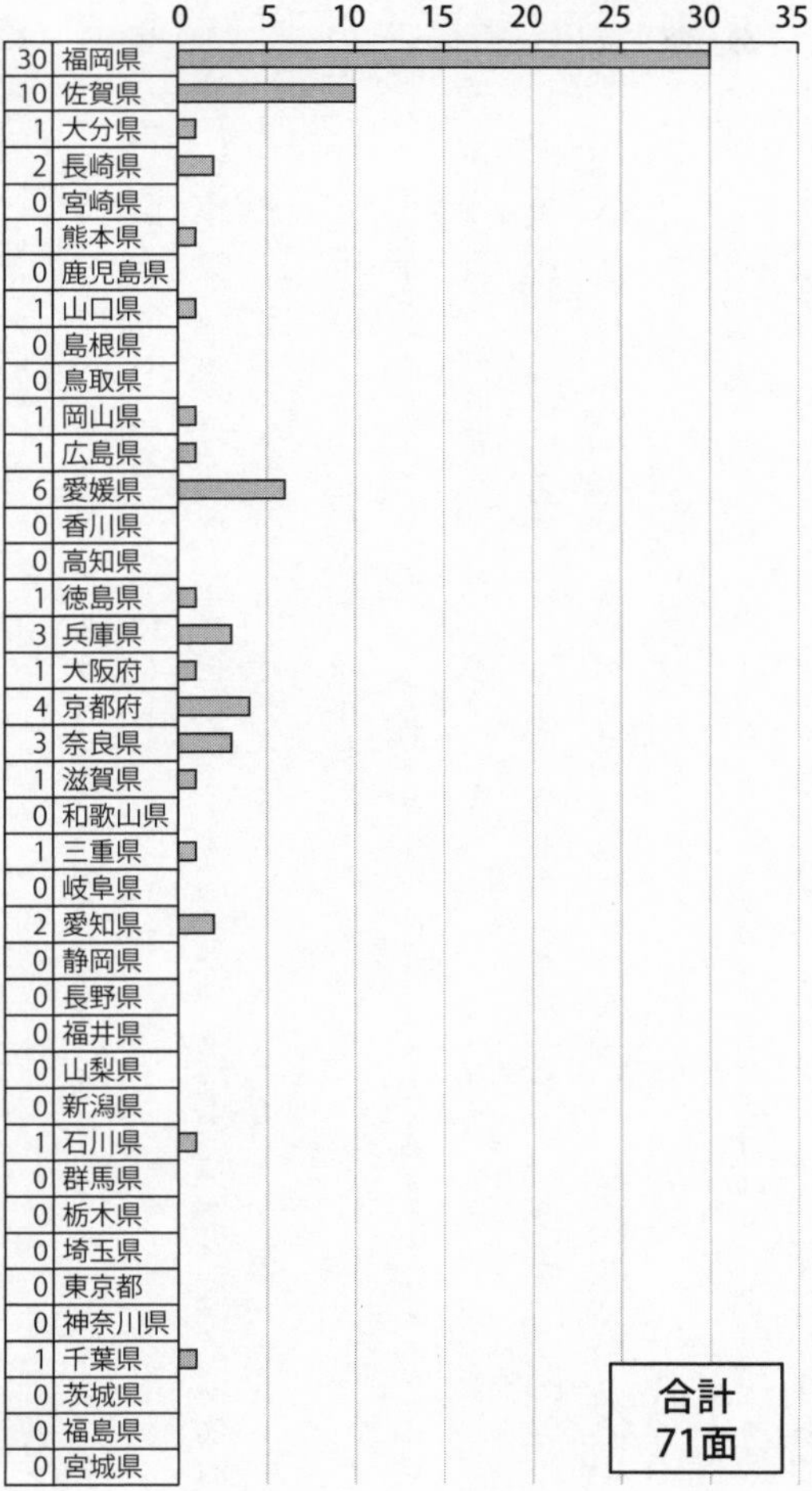

(b)小山田宏一《こやまだこういち》氏（邪馬台国畿内説）

(c)樋口隆康氏（邪馬台国畿内説）

いま、この(a)(b)(c)の三氏について、原データの紹介ははぶき、各県別の出土数グラフだけを示せば、**図7**、**図8**、**図9**のようになる。

(c)の樋口隆康氏のデータは、鏡の調査総数がすくないので、数字の信頼度が、やや劣る。

図6～図9をみれば、次のようなことがわかる。

(1)いずれの図においても、福岡県からの出土数がもっとも多い。

(2)福岡県と奈良県とを比較してみる。いずれのデータによっても、奈良県からのこの時期の鏡の出土数は、福岡県の10分の1以下である。

このような共通性がみられることは、このようなデータが、科学に必要な「再現性」（追試験、追調査をしても、同じような結果がえられる性質）をもつことを示しているといえよう。「再現性」については、あとで述べる。

以下では、4氏のうち、福岡県に比しての、奈良県の出土率［**表6**のC欄］（110ページ）のもっとも大きな、寺沢薫氏のデータで、話を進めることにしよう。つまり、**表6**のデータには、全体的にみて、「邪馬台国＝福岡県所在説」に有利なようにみえるものが多

図7　奥野正男氏の資料による県別・庄内期の鏡の出土数

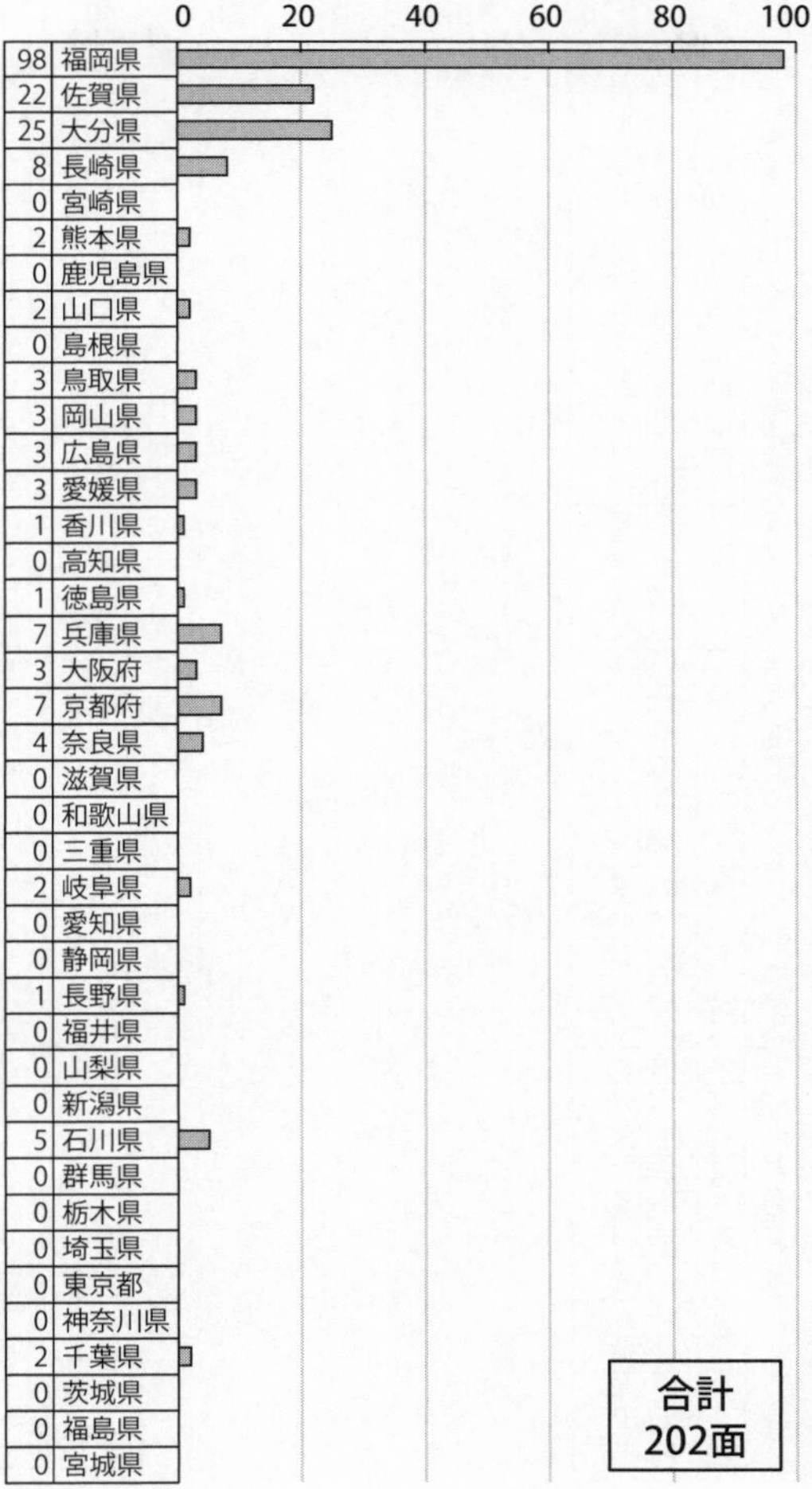

（奥野正男『邪馬台国の鏡』〔奥野正男著作集Ⅱ、梓書院、2011年〕、また『季刊邪馬台国』105号所載の奥野正男氏の論文参照のこと）

図８　小山田宏一氏の資料による県別・庄内期の鏡の出土数

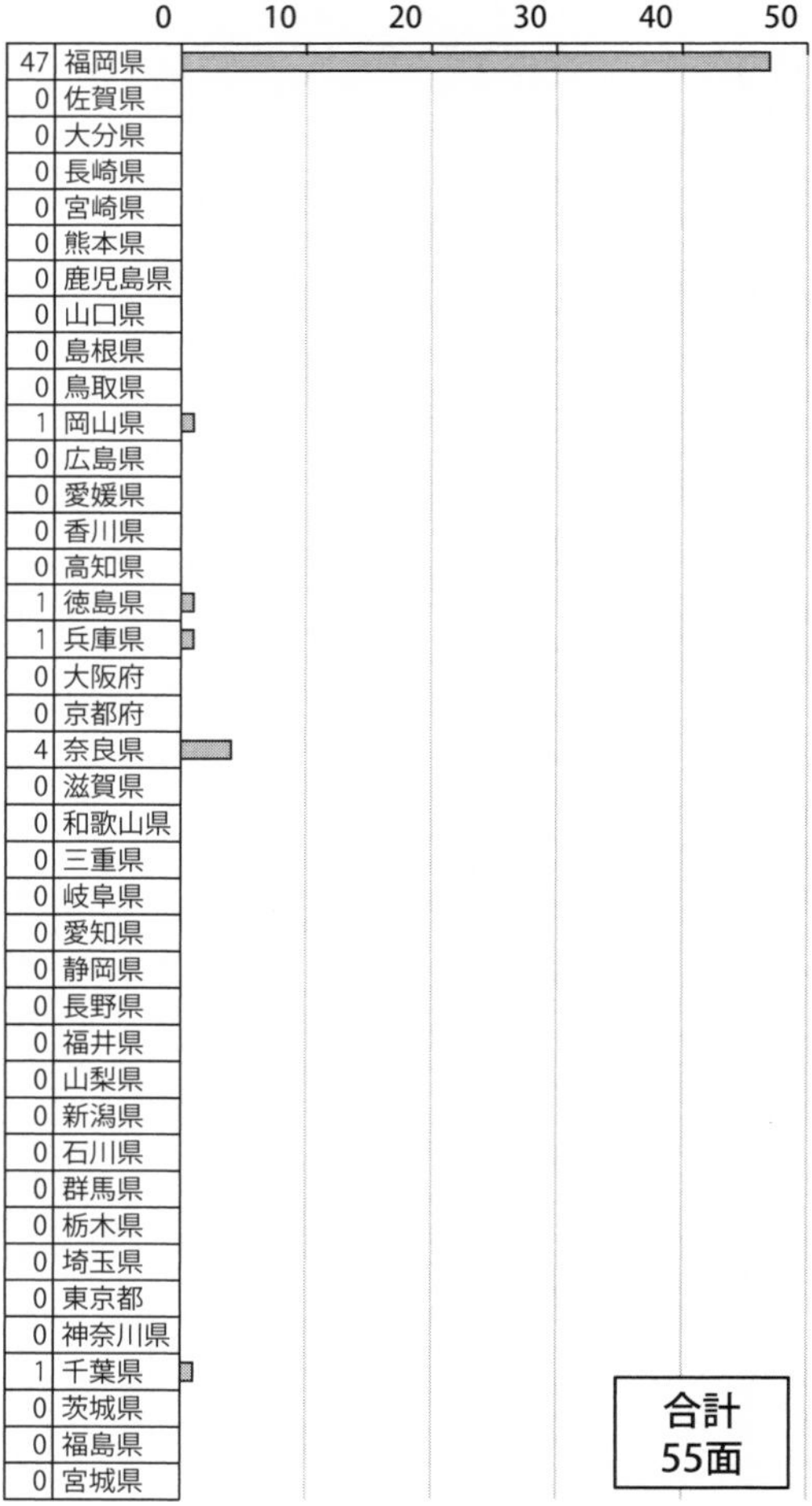

（「三世紀の鏡と『おおやまと古墳群』」伊達宗泰編『古代「おおやまと」を探る』学生社、２０００年所載）

図9　樋口隆康氏の資料による県別・庄内期の鏡の出土数

（王仲殊・樋口隆康・西谷正『三角縁神獣鏡と邪馬台国』［梓書院、1997年］所載のデータによる）

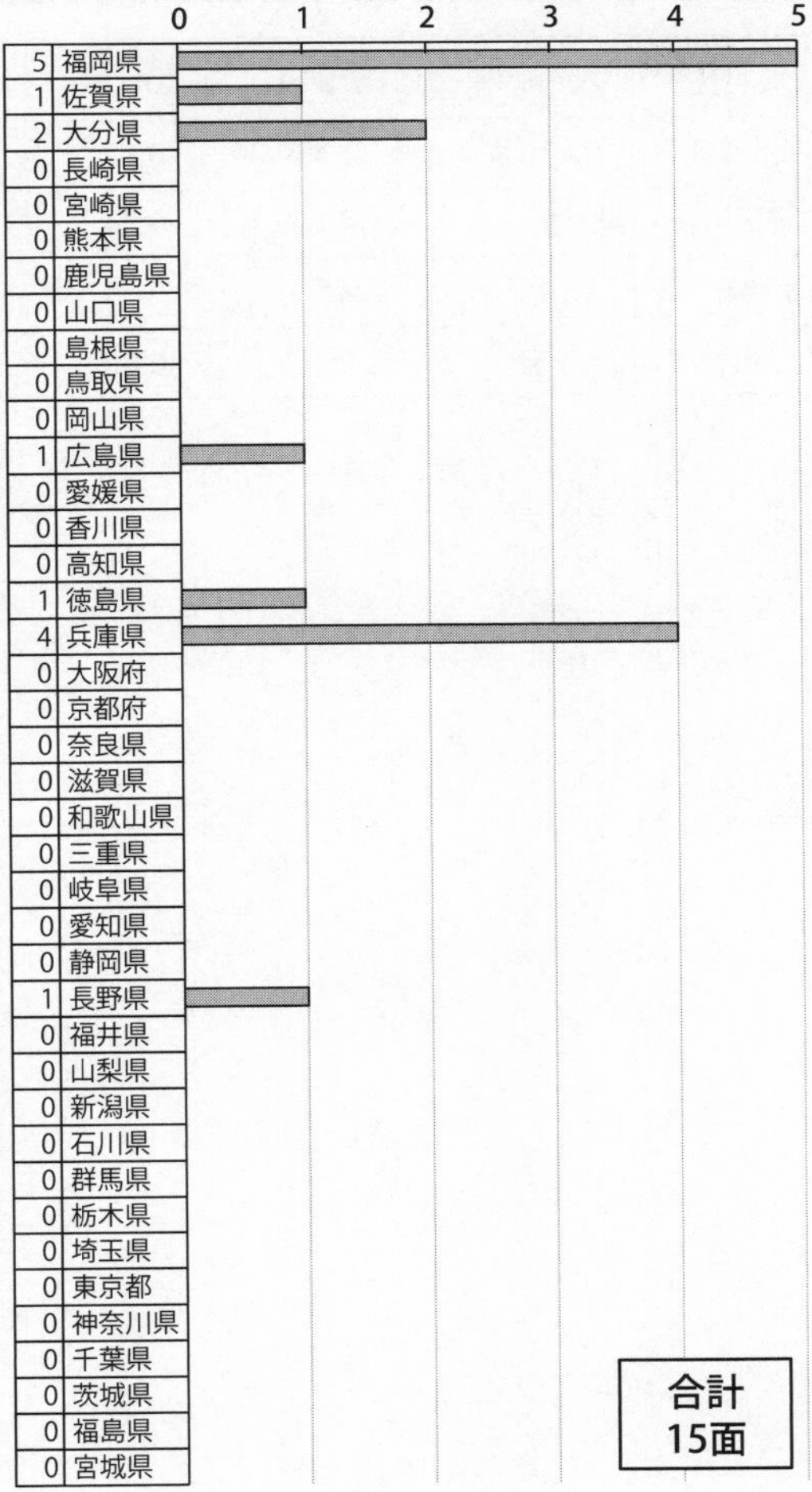

表6　諸氏の鏡データによる福岡県と奈良県の出土数の比

	(A)福岡県	(B)奈良県	(C)(B)／(A)	図
寺沢薫氏	30面	3面	0.10	図6
奥野正男氏	98	4	0.04	図7
小山田宏一氏	47	4	0.09	図8
樋口隆康氏	5	0	0.00	図9

いので、「邪馬台国＝福岡県所在説」にとって、もっとも不利になるようなデータで話を進めるということである。また、私には、「畿内説」の方の作成したデータを用いれば、そこからみちびきだされる結論に、「畿内説」の方も反対しにくいであろうという気持も、若干ある。

鉄の鏃

さらに、『魏志倭人伝』に、倭人は「鉄鏃《てつぞく》」すなわち鉄の鏃《やじり》を用いると記されている。

「鉄の鏃」について、「鏡」のばあいと同じようなグラフを作れば、**図10**のようになる。

図10をみれば、福岡県と奈良県との鉄の鏃の出土数は、次のようになっている。

福岡県……398個
奈良県……　4個

（出土数比$\lambda_{\text{鉄鏃}}$＝398/4=99.5）

実に100倍近い差がみとめられる。なお、λはラムダと読む。

これについては、「邪馬台国畿内説」の立場にたつ考古学者、大塚初重《はつしげ》氏も、その著『邪馬台国をとらえなおす』（講談社現代新書、講談社、2012年）の中で、次のように述べておられる。

「『季刊邪馬台国』（梓書院）責任編集者の安本美典氏など、九州説をとる先生方が主張されているように、九州では奈良県の約百倍の鉄鏃が出土し、鉄刀、鉄剣、鉄鉾《てつほこ》、刀子《とうす》も同様の分布の特色を示しているという事実がある。」

つまり、事実として「邪馬台国畿内説」の方といえども、あるていどみとめざるをえないことがらといえよう。

いま、まず、簡単な例として、次のような「仮説」をたてたばあいを考える。

(a) 邪馬台国は、福岡県か奈良県かの、どちらかにあったものとする。

(b) 「鉄鏃」と「鏡」との、出土量の多い県ほどその量に比例して、その県に、邪馬台国が

図10 県別　弥生時代の鉄鏃の数

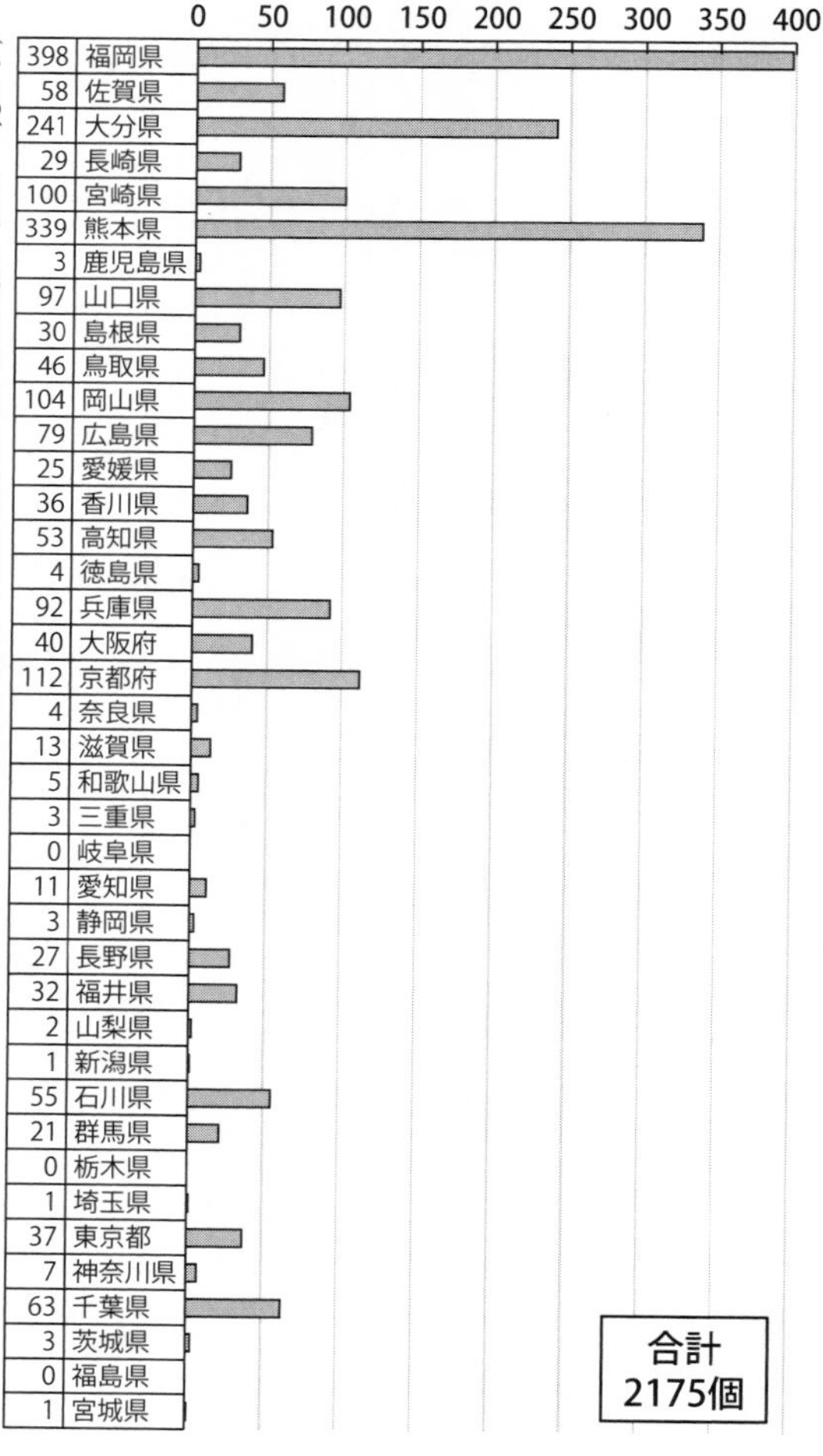

（もとのデータは、川越哲志編『弥生時代鉄器総覧』［広島大学文学部考古学研究室、2000年］による）

表7　福岡県と奈良県との鉄鏃と鏡の出土数

	県	鏡の出土数	鉄鏃の出土数
（1）	福岡県	30面	398個
（2）	奈良県	3面	4個
比	$\frac{(1)}{(2)}$	10倍 （λ_1）	99.5倍 （λ_2）

［ベイズの公式による計算プロセス］

邪馬台国が、福岡県にあった確率$=\dfrac{\lambda_1\lambda_2}{1+\lambda_1\lambda_2}=0.999$

邪馬台国が、奈良県にあった確率$=\dfrac{1}{1+\lambda_1\lambda_2}=0.001$

存在した確率は、大きいものとする。

以上の(a)(b)の二つの前提のもとで、簡便な確率計算法である「ベイズの公式」によって、邪馬台国が、福岡県にあった確率と邪馬台国が奈良県にあった確率とを求めれば、上のようになる。

つまり、邪馬台国が奈良県にあった確率は、1000回に1回ていどとなる。長さであれば、1ミリメートルの長さのものと、1メートルの長さのものとを比較して、1ミリメートルの長さのもののほうが、1メートルの長さよりも、長いという人はいない。

邪馬台国が、奈良県にあった確率と、福岡県にあった確率とを比較すれば、1

ミリメートルの長さのもののほうが、1メートルの長さのものよりも長いとするような議論が、しばしば、新聞をにぎわしている。

「一群の人々」は、目の前におかれ、形をもっている1面の「鏡」については、微細に観察し、記録することができる。しかし、「鏡たち」が示している、直接肉眼で観察できない「確率」のほうは、まったくといってよいほど、目に映らないのである。王趁意氏提出の鏡のばあいも同じである。

タバコのフィルターで、煙の粒子をとりのぞくばあいを、考えてみよう。

1回フィルターを通すと、煙の粒子が100分の1に減るものとしよう。では、2回フィルターを通すと、粒子は、どれだけに減るか。100分の1の半分の、100分の0・5に減るのではない。

(100分の1)×《かける》(100分の1)で、1万分の1に減るのである。確率は、これと同じで、掛け算で効いてくるものなのである。

「鏡」の出土率において、奈良県は、福岡県の10分の1の量の出土である。「鉄の鏃」の出土率において、奈良県は、福岡県の約100分の1の量の出土である。とすると、このような出土率が、「それぞれの各県に邪馬台国の存在した確率」に比例するとなると、邪馬台国が、奈良県に存在する確率は、およそ、（10分の1）×（１００分の1）で、１００0分の1となる。邪馬台国が、奈良県に存在した確率は、福岡県に存在する確率の、約１０００分の1とみつもられるのである。

このように、確率は、掛け算で効いてくる。そのため、ＡかＢかの弁別において、シャープな働きをするのである。

邪馬台国畿内説なるものは、どんなに小さな確率でも、完全に否定されないかぎりは、自説が正しい、と主張するものである。

奈良県と福岡県との、圧倒的な「確率の差」が、目に映らない。日常言語の「解釈」のしかたによってなんとかなる程度のもののように考えてしまう。

模擬試験で、ある大学の合格の可能性は、０《ゼロ》パーセントですといわれた生徒が、「いや、それは、模擬試験の結果というものを、どう『解釈』するかの問題です」と、強く主張する。

戦争なら、「敵は何万ありとても……」と言葉でいくら強くいっても、実戦になれば、かならず負ける。

しかし、日常言語のことばの範囲で議論しているかぎりは、負けることはない。「解釈」のしかたによって、白い烏《からす》でも存在しうることになる。

次に、「鉄の鏃」「鏡」のデータに、『魏志倭人伝』に記されている「絹」の出土地数、「勾玉」の出土数のデータを加える。さらに、全都道府県を対象にし、その都道府県に、邪馬台国が存在した確率を、それぞれ求める。すると、次のページの**表8**の結論のようになる。

以下では、確率の言葉を使わずに、説明する。データそのものをよく見ていただきたい。これまでの議論では、「鏡」「鉄鏃」「絹」「勾玉」の四つの項目をとりあげた。これらは、全国の各都道府県の出土量のデータが、かなりよくととのっているものである。この四つの項目では、105ページの**図6**、112ページの**図10**などで、その例がみられるように、いずれも、全都道府県のなかで、福岡県が、トップの出土量を示している。

「鉄鏃」「鏡」「絹」「勾玉」以外に、『魏志倭人伝』に記されている事物に、次のようなものがある。

(a)「鉄の鏃」と、出土傾向のダブるもの……「鉄の刀」「長い刀（五尺刀）」「鉄の矛」の出土数。

(b)槨《かく》のない棺……箱式石棺などの出土数。

表８　「鏡」「鉄鏃」「絹」「勾玉」の４項目についてのデータに、ベイズの統計学を適用した結果

ベイズ統計学は、膨大（ぼうだい）なデータをまとめ、ただ一つの数字に帰着させるところに、その切れ味がある。

日本全国の全都道府県の『魏志倭人伝』記載関係の全考古学的データを総合して、ただひとつの数字、「確率」にまとめれば、次のようになる。これは、すべての都道府県を、公平に比較する議論である。初めに纒向ありき、初めに奈良県ありき、というような議論ではない。

邪馬台国が、**福岡県**にあった確率	**99.8%**
邪馬台国が、**佐賀県**にあった確率	**0.2%**（1000回に2回）
邪馬台国が、**奈良県**にあった確率	**0.0%**

「明日雨のふる確率は、99.8%」といえば、ほとんどかならず雨がふるというに等しい。

さらに、福岡県と奈良県とのみを対比させれば、邪馬台国が、福岡県にあった確率は、ほぼ1となり、奈良県にあった確率は、ほぼ0（1万回に1回以下）となる。

また、図6の奈良県の3面の鏡は、ホケノ山古墳出土のものである。これを布留式土器の時代のものであるとして除けば、邪馬台国が奈良県にあった確率は、完全に0となる。

邪馬台国論争への、強い警鐘が、ここからきこえてくる。

奈良県説は、個々の遺跡・遺物に注意を集め、それをなんとか邪馬台国に結びつけて、マスコミ報道にもちこむことをくりかえしている。それは、証明にならない。遺跡・遺物の、全体的状況をみなければならない。

(c)卜占《ぼくせん》関係遺物……卜骨出土数、卜骨出土地数。
(d)朱……水銀朱の出土量、水銀鉱床群の数など。

また、『魏志倭人伝』に、とくに記載はないが、「鉄の刀」と関係するものに、「鉄の剣」がある。さらに、これも、『魏志倭人伝』にとくに記載がないが、纒向遺跡関係で騒がれたものに、「大型建物」や「桃の核」などがある。

これらについて、全都道府県中なんらかの形で、出土量のトップを示した県と、その項目とをとりあげて、それらをまとめて表の形で示せば**表9**のようになる。

この**表9**をみれば、福岡県は10項目で、トップの位置をしめる。

奈良県は「朱」の水銀鉱床群で、トップの位置をしめるが、これはダントツの1位ではない。徳島県や、北部九州の鉱床群と肩をならべるものである。岡山県の楯築《たてつき》墳丘墓からは、1遺骸あたりでの出土量トップの32～33キログラムの水銀朱が出土している。

「卜骨」については、鳥取県の「青谷上寺地《あおやかみじち》遺跡」の、250点の卜骨の出土数が、全都道府県中、断然トップでめだつ。

『魏志倭人伝』に記載のある事物のほとんど全部について検討したばあい、考古学的データによって語ることのできるのは、ほぼ以上のような事実である。

奈良県は、福岡県、佐賀県、岡山県、鳥取県、徳島県、神奈川県などにくらべて、なんら特別な特徴を示していない。

奈良県や桜井市の公的機関の発表や報道は、フットライトのあてすぎの傾向が強すぎる。奈良県が福岡県よりも、邪馬台国の地としての考古学的根拠が多いなどとする発表は、まったくの誤りである。根拠がない。

考古学の分野では、ある社会的な位置にある人が、強く主張すると、多くの研究者が、いっせいにそちらになびいてしまう風潮がある。ある特定の空気ができあがってしまう。同調圧力、属人主義の傾向が、強すぎる。

このような風潮こそが、旧石器捏造事件をひきおこした大きな原因の一つと考えられる。旧石器捏造事件がおきたさい、法政大学の笹川孝一《ささがわこういち》氏は、次のように述べている。

「なぜ捏造事件が拡大したのかということに関して、『考えさせないで信じ込ませるという手法』が権威づけられて続いている面がある、という点です。

主体的な問題でいいますと、われわれ自身のなかにも、まだ権威主義的『学習』観が根強くある。たとえば、今でもわたしたちに強い影響をもっている『論語』のなかに、

表9　全都道府県中、出土量トップを示した県とその項目

（出土数・出土地点数は、ほぼ弥生［庄内期を含む］時代のもの）

(A)福岡県	
(8)絹 福岡県15地点 奈良県２地点 奈良時代に、太宰府から、他の地域にみられない大量の絹綿の貢納。 『延喜式』記載の絹の貢納量も、諸地域中、とびぬけて多い **(9)槨のない棺** 箱式石棺 ①福岡県267基 ②広島県222基 **(10)朱** 水銀鉱床群あり。 『延喜式』貢納量 ①福岡県 太宰府 朱砂一千両 ②山口県 長門の国 丹六十斤（他の国については、記載なし）	**(1)鉄の鏃《やじり》** 福岡県398点 奈良県４点 **(2)鉄の刀** 福岡県33本 奈良県０本 **(3)［鉄の剣］** 福岡県46本 奈良県０本 **(4)長い刀** 五尺刀（約151センチ）にあてはまる刀 前原上町《まえばるかみまち》遺跡 （大型箱式石棺から出土） **(5)鉄の矛** 福岡県７本 奈良県０本 **(6)鏡** 福岡県30面 奈良県３面 **(7)勾玉** 福岡県29個 奈良県３個

(E) 鳥取県

(1) ト骨出土数

①鳥取県250点
青谷上寺地遺跡《あおやかみじちいせき》
②神奈川県38点
③長崎県15点
④奈良県13点

(F) 徳島県

(1) 朱

水鉄朱鉱床群あり。徳島県阿南市若杉山遺跡。全国唯一の辰砂採掘遺跡。弥生時代後期の土器片が、はじめてみつかっている。

(G) 神奈川県

(1) [大型建物]

弥生時代最大のものあり。

(2) ト骨出土遺跡地点数

①神奈川県11地点
②静岡県 6 地点

(B) 佐賀県

(1) 宮室・楼観・城柵が、セットで存在しているように見えるもの

吉野ケ里遺跡

(2) 蒨《せん》(茜《あかね》)絳《こう》・絳縑《こうけん》(赤い絹織物)

吉野ケ里遺跡　日本茜で染色した絹織物が出土している。

(C) 岡山県

(1) [桃の核]

①岡山県上東《じょうとう》遺跡9608個
②奈良県・纒向《まきむく》2800個

(2) 朱

(一遺骸あたりの水銀朱全国最大。楯築《たてつき》墳丘墓32〜33kg)

(D) 奈良県

(1) 朱

大和水銀鉱床群あり。『古事記』『日本書紀』『風土記』などに、朱についての記載がある。

([　] 内は、『魏志倭人伝』に、記載のないもの)

『学』という文字がたくさん出てきますが、この『学』とは権威づけられた本を読むこと、もしくは権威ある先生の話を聞くことです。**自分で観察したり、自分で調査したり、事実と照らし合わせたりすること**は、『論語』的世界のなかには、基本的に一切でてこない。そして、『習』とは、それが身につくほどくり返しくり返し練習することであり、習熟ということです。」

「そういうこともあって、権威ある文化庁、権威あるなんとか新聞社、権威あるなんとか大学のなんとか先生、そういう人たちが提示したことは、『まあこれはとりあえずいいのではないか』という権威主義が、まだまだ根強くある。ああいう権威ある人たちが言っているんだからとりあえずはいいのではないか、という心情あるいは発想です。」

（以上、笹川孝一「権威主義的学習観からの解放と生涯学習の役割」〔段木《だんぎ》一行《かずゆき》監修、『前期旧石器問題とその背景』、法政大学文学部博物館学講座編、株式会社ミュゼ、２００２年、所収〕）

この笹川孝一氏の意見は、きわめて的確である。

要するに、「属人主義」にしたがうのではなく、自分でデータを集めて確かめよ、ということである。

2018年のノーベル医学生理学賞を受賞した本庶佑《ほんじょたすく》氏は、NHKのインタビューで、受賞に結びついた信念として、次のようなことを述べられた。

「教科書がすべて正しかったら科学の進歩はないわけで、教科書に書いてあることが間違っていることはたくさんある。

人が言っていることや教科書に書いてあることすべて信じてはいけない。」

朝倉市（福岡県）、**倉敷市**（岡山県）、**桜井市**（奈良県）**の三つをくらべれば……**

いま、福岡県の朝倉市、岡山県の倉敷市、奈良県の桜井市の三つの市をとりあげ、出土頻度の多い「鉄の武器」をとりあげ、その出土状況をみてみる。すると、**表10**のようになる（福岡県の朝倉市は、別著『邪馬台国は福岡県朝倉市にあった!!』［勉誠出版、2019年］で述べたところであるが、私が、卑弥呼の宮殿があったであろうと、考える場所である）。

表10にみられるように、「鉄の武器」の出土総数は、福岡県朝倉市のばあい、35例に達する。

表10 福岡県朝倉市、岡山県倉敷市と、奈良県桜井市の「鉄の武器」の出土状況比較

	調査項目	福岡県朝倉市	岡山県倉敷市	奈良県桜井市
『魏志倭人伝』に記載のあるもの	鉄の鏃	28個	10個	0個
	鉄の刀	3本	0本	0本
	鉄の矛	2本	0本	0本
『魏志倭人伝』に記載のないもの	鉄の剣	1本	3本	0本
	鉄の戈	1本	0本	0本
		35例	13例	0例

（調査資料は、川越哲志編『弥生時代鉄器総覧』［広島大学文学部考古学研究室、2000年］）

岡山県倉敷市でも、13例になる。

ところが、奈良県の桜井市のばあい、『弥生時代鉄器総覧』に記されているものは、1例もない。この地には、とくに「鉄の武器」を使用していた伝統があったようにはみえない。

纏向に、女王卑弥呼の居処、宮室があったのならば、それを守っていた兵士たちの武器も、出土してよさそうなものである。しかるに、それが、一つもでてこないのは、どうしたわけか。纏向には、卑弥呼の居処などは、なかったのではないか。

「鉄の武器」の出土量はあきらかに、福岡県が最大で、そこから、奈良県の方向にむかって、すくなくなっている。その逆ではない。

もっとも、次のように述べる人も、いるかもしれない。

「表10のデータの出所は、2000年に刊行された『弥生時代鉄器総覧』である。その後、全国の各地から、鉄の出土が見られているのではないか」

そう述べる方は、鉄の鏃の出土数がいくつ、鉄の刀の出土数がいくつ、というように、具体的に出土数の事例をあげていただきたい。そして、表10にみとめられる傾向が、逆転する事実を示すデータを、具体的にお示しいただきたい。

「畿内説」では、たとえば、奈良県から大きな建物のあとが出てくると、「卑弥呼の宮殿が出てきたか」のごとくいって、マスコミに発表して騒ぐという方法がとられている。

しかし、『魏志倭人伝』には、「(卑弥呼の)居処、宮室、楼観(高い物見台)、城柵、厳《おごそか》にもうけ、常に人がいて、兵(武器)を持って守っている。」とある。佐賀県の吉野ケ里遺跡では、「楼観」「城柵」にあたるものも出土している。奈良県の大きな建物のばあい、そのようなものが出土したという報告はない。鏃などをはじめ、「兵(武器)」らしいものも出土していない。また、単に大きな建物のあとならば、神奈川県の弥生時代の遺跡から、奈良県のものよりも、ずっと大きな建物あとが出土している。

奈良県に邪馬台国があったときめてかかるから、奈良県の建物あとが、卑弥呼の宮殿にみえるだけである。

「解釈主義」「属人主義」であって、「データ主義」とはいえない。

邪馬台国問題は、簡単な探索問題

現在、自然科学、社会科学、人文《じんぶん》科学を問わず、ある仮説を採択するか否かの決定を、統計学などにもとづく確率計算によって、客観化する手つづきは、常識化している。

それは、薬のききめがあるか否かの判断でも、タバコに害があるか、否かの問題でも、教育の効果の測定のばあいでも同じである。

たとえば、統計学や、作戦計画（オペレーションズ・リサーチ［OR］）の分野に、「探索問題」とか、「索敵問題」とかいわれる問題がある。これらは、そのまま、邪馬台国の探索問題につながりうる。

「探索問題」や「索敵問題」というのは、次のような問題である。

(1) 探索問題

2014年3月8日、マレーシア航空機が行方不明になるという事件があった。この種の事件は、これまでにもたびたび起きている。

1966年1月16日に、アメリカのノースカロライナ州のセイモア空軍基地から四つの水爆を積んだジェット爆撃機が、とび立った。ところが、その爆撃機は給油機と接触し、燃料が爆発し、7名の乗務員が命をおとした。乗務員と、水爆と、飛行機の残骸が、空から降りそそいだ。しかし、幸いにして、核爆発はおきなかった。四つの水爆のうち、三つは、事故後に、24時間以内に発見された。ただ、最後の一つの水爆がみつからなかった。

大ざっぱにいえば、このようなばあい、爆弾の沈んでいそうな場所をふくむ地域についての確率地図をつくる。海面または海底の地図の上に、メッシュ（網の目）をかぶせる。小さい正方形のグリッド（格子）に分ける。そして、その一つ一つの正方形（セル・網の目）についての情報をデータとしていれる。そして、爆弾がそのセルに存在する確率を計算する。このようにして、爆弾が沈んでいそうな場所を示す確率地図をつくる。問題の水爆は80日後に海中から見つかった。

(2) 索敵問題

1968年にも、ソ連とアメリカの潜水艦が、乗組員もろとも、行方不明になっている。

基本的には、探索問題と同じである。ただ逃げまわるターゲットや、人間の操縦で動いている目標物の位置をとらえたり、追跡したりする。

私たちは、基本的に、探索問題を解く方法によって、邪馬台国の場所を求めている。

邪馬台国問題は、統計学や確率論の問題としては、ふつうの「探索問題」や「索敵問題」にくらべ、はるかに簡単な問題である。

それは次のような理由による。

(1)「探索問題」では、セル（正方形の網の目）の数は、ふつう1万カ所ていどにはなる。セルの数がふえると、確率計算は、急速に面倒なものとなる。邪馬台国問題のばあい、「どの県に邪馬台国はあったか」という形で、「県」を、セルとして用いれば、対象となるセルの数は、50たらずである。電卓によってでも、根気よく計算すれば、計算できるていどの問題である。

(2)「鏡」「鉄の鏃」など、『魏志倭人伝』に記されている事物などの、各県ごとの出土数などを、データとして入れていく。このばあい、「索敵問題」などと違って、遺跡・遺物などは、動かない。逃げまわらない。

もちろん、私たちが、あらたに工夫したところは、すくなくない。

たとえば、ふつうの「探索問題」では、それぞれのセルのなかにふくまれている情報の数や量（機体の破片の数、浮かんでいる乗客の持ちもの数、機体から流れでたとみられる石油の量など）をしらべ、それらが全体の数や量のなかでしめる比（パーセント）を求め、それを初期確率（事前確率）として計算をすすめる。

邪馬台国問題でいえば、各県ごとの、たとえば、鉄の鏃の出土数を数え、その全体の出土数に対する比、すなわち出土率を、初期確率として用いるようなものである。

この方法で行なっても、私たちが用いた方法で行なっても、最終結果は同じになる。ただ、私たちは、モデルの適切性、厳密性を考え、確率と確率との比（たとえば、奈良県からの出土数と、福岡県からの出土数との比）を、計算の出発点として用いるなどのことをしている。

いま、問題設定を、「邪馬台国は、奈良県にあったのか、福岡県にあったのか」という形にしてみよう。つまり、奈良県か福岡県かの二者選択にしてみよう。

すると、結果は、次のようになる。

奈良県にあった確率…0・002％以下
福岡県にあった確率…99・998％以上
数字の意味するところは、邪馬台国が奈良県にあった可能性（確率）は、1万回に1回もない、ということである。

フィッシャー流の「検定理論」でも、同じ結論となる

以上は、「ベイズの統計学」による確率計算の結果である。

フィッシャー流の「推計学（推測統計学）」の「検定理論」を用いても、同じ結論となる。

フィッシャー流の「検定理論」では、以下のような考え方をする。

いま、A、B二つの「仮説」（対立仮説）があるとする。たとえば、

(A) 邪馬台国は奈良県にあったとする説。

(B) 邪馬台国は、福岡県にあったとする説。

フィッシャー流の検定理論では、次のように考えを進める。

(1) それぞれの仮説にもとづいて、確率計算をする。

(2) あらかじめ「基準」をもうける。計算した確率が一定の値（ふつうは100分の5、または100分の1）よりも小さいばあいは、その仮説を捨てる「約束」にする。これは、「どんな小さな確率でも、完全に0《ゼロ》でないかぎり、成り立つ可能性がある」というような議論をすると、決着がつかなくなるからである。議論に、客観性をもたせるための「基準」である。結論を「機械的に《メカニカル》」出すための「装置」である、といってもよい。

以上の、(1)(2)の考え方をすると、(A)の、「邪馬台国は奈良県にあったとする説」は、成立する確率が100の1以下であるから、当然捨てる（「検定理論」では、「棄却《ききゃく》する」という）こととなる。

二者択一ならば、対立する(B)の仮説（福岡県説）を受けいれて先に進むべきだということになる。

「統計的再現性」について

小説家で、工学博士でもある森博嗣《もりひろし》氏は、その著『科学的とはどういう意味か』（幻冬舎新書、幻冬舎、2011年）という本のなかで、次のように述べている。

「では、科学と非科学の境界はどこにあるのだろう？

実は、ここが科学の一番大事な部分、まさにキモといえるところなのである。この答をごく簡単にいえば、科学とは『誰にでも再現ができるもの』である。また、この誰にでも再現できるというステップを踏むシステムこそが『科学的』という意味だ。

ある現象が観察されたとしよう。最初にそれを観察した人間が、それをみんなに報告する。そして、ほかの人たちにもその現象を観察してもらうのである。その結果、同じ現象をみんなが確かめられたとき、はじめてその現象が科学的に『確からしいもの』だと見なされる。どんなに偉い科学者であっても、一人で主張しているうちは『正しい』わけではない。逆に、名もない素人が見つけたものでも、それを他者が認めれば科学的に注目され、もっと多数が確認すれば、科学的に正しいものとなる。

このように、科学というのは民主主義に類似した仕組みで成り立っている。この成り立ちだけを広義に『科学』と呼んでも良いくらいだ。なにも、数学や物理などのいわゆる理系の対象には限らない。たとえば、人間科学、社会科学といった分野も現にある。そこでは、人間や社会を対象として、『他者による再現性』を基に、科学的な考察がなされているのである。」

「まず、科学というのは『方法』である。そして、その方法とは、『他者によって再現できる』ことを条件として、組み上げていくシステムのことだ。他者に再現してもらうためには、**数を用いた精確なコミュニケーションが重要となる**。また、再現の一つの方法として実験がある。」

また、生物学者の池田清彦氏は、その著『科学とオカルト』（講談社学術文庫、講談社、2007年）の中で、次のように述べている。

「十九世紀までは、現在のような制度化された科学はなかった。そればかりか、今日、科学の重要な特徴と考えられている客観性や再現可能性を有した学問それ自体もなかったのである。」

そして、池田氏は、「『再現可能性』という公準」という見出しの節をもうけて、例をあげて、「再現可能性」「同じやり方に従って行なえば、だれがやっても同じ結果がでること」こそが、「科学」においては、重要であることをのべている。

化学や物理学や医学・薬学など、実験可能な分野における「実験」にあたるものが、天文学における「観測」や、社会科学や人文《じんぶん》科学における「統計的調査」である。

さきに、庄内期の鏡の、出土地の県別分布が寺沢薫氏によっても、奥野正男氏によっても、小山田宏一氏によっても、樋口隆康氏によっても、同じような形になることを述べた（105、107、108、109ページの図6～図9）。いずれも、福岡県からの出土数は、奈良県からの出土数の、10倍以上となっている。

それぞれの図ごとに、たとえば、福岡県や奈良県からの出土数そのものの値は異なっている。それにもかかわらず、全体的傾向は変わらない。

これは、つまり「統計的再現性がみとめられる」ということである。

「実験」や、「観測」や、「統計的調査」は、いずれも、外部世界、客観世界にたずねかけ、「再現できる」かどうか、をたずねる「方法」である。先出の森博嗣氏のいうように、科学というのは、「方法」なのである。

小保方晴子氏のSTAP《スタップ》細胞事件のばあい、2015年に、世界の三つの国の研究室が、133回の実験で、再現できなかったと報告した（前掲の黒木登志夫著『研究不正』による）。「再現可能性」が、否定されたのである。

このばあい、小保方氏が、次のような反論をしたら、どうであろう。

「133回では、実験回数がすくなすぎる。1000回ぐらい実験すれば、終りのほうで、200回ぐらいつづけて再現できるかもしれない」

このような反論をすれば、あらゆる議論を、「水かけ論」にもちこむことができる。

しかし、この反論は、成立しない。

簡単な確率計算をすれば、このような反論が成立しないことは、容易にいえる。かりに、実験が成功する確率が10分の1であるとしても、133回実験すれば、10回ていどは、成功しなければならない。まして、「実験」であれば、小保方氏と同じ手続きをとれば、同じように再現できなければならない。

2 法則を発見するという方法

梅原末治の研究方法

わが国出土の青銅鏡の歴史において、西晋の国（265年～316年）のあとの時期に、鏡の分布の中心地域の、「大激変」が起きている。

それまで、福岡県はじめ、北部九州を中心として分布していた鏡が、奈良県はじめ、畿内を中心として分布するようになる。これは大和朝廷の成立・発展と関係するようにみえる。

この節では、青銅器の歴史において、「主要分布地域の大激変」が存在するという法則について述べよう。

まず、梅原末治という人の研究方法をとりあげる。

梅原は、京都帝国大学（現在の京都大学）の教授で、大正から昭和時代にかけての大考古学者であった。

多くの発掘出土品についての、精細な記録を残した人である。

そしてまた、「伝橿原市出土、大和鳥屋千塚《やまととりやせんづか》（橿原市）出土」などのように記して、古代の勾玉として紹介したものの八割以上が、現代技法によって作られたものであるとして、ガラス工芸の専門家の由水常雄《よしみずつねお》から、徹底的な批判をあびたことがある（『藝術新潮』1972年1月号、『週刊新潮』同年1月22日号、由水常雄著『火の贈りもの』［せりか書房、1977年］）。鉛ガラスではなく、ソーダガラスであること、ビール瓶を溶かして作られた独特の色をしているもののあることなどが指摘されている。

梅原末治は、東洋考古学の基礎を確立した人であった。

身体虚弱であったため、上級学校に進学せず、京都帝大考古学教室に出入りし、無給の雇《やと》いから出発し、京都帝大の教授となり、89歳で没した。

梅原末治の業績と研究方法とについては、医学者で東洋考古学者の穴沢《あなざわ》咊光《こう》氏（会津若松市の穴沢病院院長＝当時）が、「梅原末治論―モノを究めようとした考古学者の偉大と悲惨――」（『考古学京都学派〈増補〉』［角田《つのだ》文衞《ぶんえい》編、雄山閣出版、1997年所収］）という文章の中で、以下のように述べている。

「梅原が殆《ほとん》どフリーハンドに近い天才的画技でさっと書き上げた図面を、同じ遺物について後で厳密な方法で測った図面と比較したところ、殆ど相違がみつからなかったという驚くべき話が伝わっている。」

「梅原の著書の多くは印刷の優秀、図版の鮮明、図面の精密さで知られ、内容的にも重要で貴重な資料が多く、ほとんど豪華美術書にみまがうばかりで、きわめて質の高い出版と評価され、その多くが基本的な資料集や文献として今日なおその価値を保っている。」

「このようにして、梅原に訓練されて考古遺物の優秀な観察、記録の能力を身につけた学生が全国各地に散って、遺物を中心とした事実記載の精細さを誇る日本考古学の大伝統が形成されていったのである。」

「こうして梅原の研究戦略を検討し、彼の学問を評価すると、梅原は『コツコツと遺物自体を徹底的に調べ上げ』ることにかけては万人の及ばぬ努力家で、（整理・観察・事実の記載の）天才的な才能を発揮したが、『それを結び合わせて研究を進めて行く』ことはどうも苦手であったようだ。」

「林（中国考古学者で、京大教授などであった林巳奈夫《みなお》）は、梅原という学者は『切手、蝶などと同様な（考古資料の）収集家マニアという色眼鏡で色々と思い起こしてみると説明がつく』と述べた。このきわめて辛辣なコメントの『収集……』という言葉の次に『および記載』という一語を挿入すれば、梅原の学問の本質そのものを最も適確に表現した言葉になるだろう。つまり、厳格経験主義に徹した記述の学者だった梅原にとっては、データ（資料）がすべてであった。**彼の学問とはデータをどこからか仕入れてきて発表する以外にはタネもシカケもなく、**それ以外に特別な方法も方向もなかったのだ。」

「『モノを一つ一つ丹念に観察し、実測し、写真や拓本をとり、その形態や装飾をアタマにたたきこむだけではダメなのであって、青銅器は成分の鉛同位体比を測り、鉄器はX線検査、土器は胎土分析、石器は使用痕の研究、木器は年輪年代の測定、動植物遺存体は専門家の鑑定、遺跡の土は土壌分析と花粉分析を行い、その結果を総合しなければ本当のことはわからない』といった時代になった。資料の激増によって、梅原のやったように自分の頭脳をデータベース化していたのでは追いつかなくなり、碩学《せきがく》の頭脳と資料のファイルに代わってコンピューターが登場し、『考古資料に関する情報ネットワークの開発によって、学界共通のデータベースには夥《おびただ》しい資料が登録され、そこから引き出される情報がただちに研究資料となる』という情報革命の時代が必ず到来するであろう。そういう時代に、**考古学の最新課題となるのは、いろいろの情報をいかに総合して過去を復原するかという考古資料の解釈理論であり、『考古学は報告書や図録を出版するだけが能じゃない』といわれるようになるだろう。**こういう時代になって、日本考古学が梅原のやったように『資料の語ることがおのずから結論となる』という厳格経験主義に拘泥し続けるならば、国際学界からは『事実を積み上げるばかりで、その説明を試みない』と『峻烈な非難を浴びせられる』であろう。」

２０１９年、比較的若くしてなくなった考古学者、細谷《ほそや》葵《あおい》（１９６７〜２０１９。お茶の水女子大学特任准教授など）は、報告書「理論なき考古学―日本考古学を理解するために」の中で、日本考古学の「『理論』の欠如」を指摘して、「（日本の考古学で、）提示されるのは、説明も議論も伴わないバラバラのデータの山積み」と述べている（この細谷葵の報告書は、最初、イギリスで発表された。現在は、インターネットで、日本文の形で容易に見ることができる)。

旧石器捏造事件を発覚以前に指摘していた竹岡俊樹氏は、フランスに留学し、細谷葵はイギリスに留学し、二人は、日本の考古学を、外から見ることができる立場にあった。

科学の方法について

ここで、科学の歴史について、ふりかえってみよう。

「科学的な研究」においては、次の、「法則の発見」が、重要である。

[法則の発見]

「科学的な研究」においては、正確に観測、測定し、記述するだけではなく、それらの測定値から、法則性・規則性を見出して行くことが重要である。

近代科学の成立をみちびいた「天文学」は、およそ次の(A)(B)(C)の三つの段階をへて発展してきたといえる。

(A) デンマークのティコ・ブラーエが厖大《ぼうだい》で精密な天文観察記録を残した。

(B) ドイツのケプラーがティコ・ブラーエの観察記録にもとづき、惑星は太陽を一つの焦点とする楕円軌道上を動いていることなどを示した。いわゆる「ケプラーの3法則」を示した。
(C) イギリスのニュートンが、万有引力の法則（引力は、二つの物体の質量の積に比例し、二つの物体間の距離の2乗に反比例する）を仮定すれば、「ケプラーの3法則」をみちびきだせることを示した。

どのような議論のしかたが、「証明」になりえ、科学的な「根拠《エビデンス》」を持った議論になりうるのか。

それを学ぶには、物理学や幾何学など、すでに「証明」の方法が確立している分野の方法を見習い、真似をするのが、一番手っとりばやい。近道である。

「天文学」のばあいの(A)の、精密な天文観察記録にあたるのが、「考古学」のばあいの、精密な発掘と、遺跡・遺物についての精密な観察記録にあたるといえよう。考古学の分野では、すでに、厖大な、そのような観察記録が蓄積されている。

ただ、それは、個々の遺跡・遺物についてのものが圧倒的に多い。

「観測値を分析し、それをまとめて法則を引き出すこと。」そして、これを、意識的に行なうこと。

これは、ケプラーがはじめて確立した「方法」である。これが、近代科学の成立・発展の基本原理となった。

よく、ものを見るのに、多面的に見る必要性が説かれる。

(1) 虫の目で見る（ミクロの視点で見る。細部をよく見る）。

(2) 鳥の目で見る（マクロの視点で見る。大局的に、全体を見る）。

(3) 魚の目で見る（潮の流れを見る。変化の傾向を見る）。

(4) コウモリの目で見る（コウモリは、逆さまにぶらさがる。ものごとを、逆さの立場から見る。逆の立場から見る）。

梅原末治流の考古学のばあい、いちじるしく詳細なのであるが、(1)の虫の目で見ている傾向が強い。「肉眼観察主義」である。詳細に観察しながら、何度もニセモノにだまされている。

鳥の目で、大局的に見る観点、魚の目というか、歴史の流れ、変化の様子を見る観点、コウモリの目で見るというか、勾玉を肉眼で精密に観察するだけではなく、素材が現代のソーダガラスかどうかを調べるなど、別の観点、逆の観点などから見る。そして、それらを総合的にまとめる体系的な方法が必要である。

私たちは、科学の世界において、成功してきた方法は、どのような方法であったかをしらべ、考えなければならない。また、失敗してきた方法は、どのような方法であったかを考えなければならない。

成功からも、失敗からも、学ばなければならない。ドグマの特徴は、その方法による失敗例を、いくら示されても、その方法を改めないことである。そして、同じような失敗を重ねることである。


科学的探究のためには、道具・方法が必要である

科学的探究を行なうためには、次のことも重要で、明確化しておく必要がある。

ガリレイが、宇宙を探究するためには、「望遠鏡」が必要であった。ドイツの医学者、ロバート・コッホは、当時登場した新しい道具である「顕微鏡」によって、患者の血液を観察し、コレラ菌を発見した。

ガリレイも、コッホも、「望遠鏡」や「顕微鏡」などの新しい道具によって、「直接の肉眼」だけでは見えない、広大な「新世界」を発見した。「肉眼」だけで見える世界が、この世のすべてではない。ごく一部である。

「数式」というものがある。

「数式」は、xとyなどの、「関係」をあらわしている。「関係」そのものは、抽象的なもので、直接的には目で見えない。「数式」は、その「関係」を可視化する働きをもつ。

「望遠鏡」も、「顕微鏡」も、「数式」も、直接肉眼では見えないものを可視化する「道具」であり、「方法」である。

この「道具」「方法」を改良、発展させることこそが、科学を進歩させる。

この世には、「道具」や「方法」を使わず、私たちの直接的な「肉眼観察」だけにたよったのでは、つかむことのできない広大な世界がある。

「すぎ去った過去」「歴史」なども、私たちの肉眼では、もはや、直接的には見ることができない、広大な世界である。

見えない世界を、「道具」「方法」「数式などをふくむことば」を使って、可視化して行くことこそが、「科学」というものである。

データサイエンスにおいて、探究のための主要な武器は、統計学や確率論である。

統計学や確率論は、科学の広い範囲で用いられるのだが、データサイエンス以前（あるいは、以外）の科学における統計学などの用いられ方と、データサイエンスにおける統計学などの用いられ方とには、大きな違いがある。

それは主として、統計学などを用いる対象の違いである。

データサイエンス以前（あるいは以外）のばあいには、統計学は、たとえば「人口」であるとか、農業や工場における「生産物の量」であるとか、おもに、具体的に目に見える「物」を数えて、そこで得られた数値を対象としてきた。

いっぽう、データサイエンスにおいては、ある特定の「言葉」の使用頻度であるとか、調査された人々の「意見」の賛成の率であるとか、視聴された率であるとか、ある商品の販売量（販売された回数）のような「出来ごと」の回数であるとか、碁や将棋などにおける「勝率」であるとか、広い意味での「情報の量」を数えるという方向に、統計学の対象が変化してきている。

「情報の量」は、莫大なものとなりつつあるので、ビッグデータを分析するための、さまざまな方法が、開発されてきた。

梅原末治は、「考古学の本義は物だ」と述べた。

梅原末治のように、「考古学の対象物は物」ときめてかかれば、「直接肉眼観察主義」が、強い意味をもって、浮かびあがってくるだろう。

そして、梅原末治流考古学では、「正確な観察と記述」それ自体が、目的化するようになる。

しかし、「考古学は、『歴史』を復元するためのもの」と考えれば、肉眼観察主義をこえる「科学的方法」が、強く求められることとなる。

猫は、人間と同じく肉眼を持つ。そして、記憶力も持つが、百年前のことを知ることはできない。しかし、人間は、千年前のこともあるていど知ることができる。それは、「ことば」によってである。直接的な「肉眼観察」によってではない。「歴史」とは、いつ、どこで、なにが起きたかを知ることを目的とする。

「時間」という直接目で見ることのできないものを相手にし、「出来ごと」という、これまた直接的に今は見ることのできない「こと」を相手にしているのである。それは、「こと」であって、「物《もの》」ではない。

梅原末治流の「物」と「肉眼観察」を中心とする方法は、「歴史」を知る方法としては、大きな限界がある。

「歴史」を知るためには、梅原末治の方法以外の方法を考えなければならない。「肉眼」で見えるものを、できるだけ正確に観察し、記述することは、科学的分析をするための、「データ」をととのえるための、基本的な「技術」である。しかし、それだけでは、「技術」でありえても、それ自体は、「科学」ではない。

データを分析するデータサイエンスやビッグデータの世界での、望遠鏡や顕微鏡にあたる道具が「統計学」である。

ビッグデータの世界では、データの量、「情報」の量が多くなりすぎ、個々のデータを、直接の肉眼で追うだけでは、全体の情況をつかみきれなくなっている。

鏡の分布中心地域の、大激変が存在するという法則

私はこれまで、日本古代史上のデータについて、成立するいくつかの重要と思われる「法則」を見出してきた。

そのうち、「邪馬台国問題」解決のための役に立ちそうな重要な、「法則」の一つに、次のようなものがある。

【鏡の分布中心地域の大激変の法則】

青銅鏡の歴史において、西暦320年〜350年ごろに、鏡の分布中心地域が、福岡県など北部九州を中心とする地域から、奈良県など畿内を中心とする地域へと、大変化をするという事実が認められるという「法則」である。以下、略して、「鏡の分布中心地域の大激変が存在するという法則」と呼ぶ。

じつは、わが国の青銅鏡の歴史においては、「鏡の分布中心地域の大激変」が起きるよりも、時期的にまえに、わが国で出土する鏡に用いられている銅原料が、「中国の華北系の銅原料から、中国の華中・華南系(長江流域系)のものに変化するという「大激変」が起きている(鉛の同位体比の分析の結果による)。私は、この大激変を、「第Ⅰ次大激変」とよび、「鏡の分布中心地域の大激変」を、「第Ⅱ次大激変」と呼んでいる。

「第Ⅰ次大激変」は、西暦280年に、中国で呉の国が滅亡し、長江(揚子江)流域産出の銅が、華北の洛陽などに流れこんだことによって生じた現象とみられる。

「第Ⅰ次大激変が存在するという法則」は、どの形式の鏡が、いつごろ行なわれたものかという「年代」を考えるためには、重要なのであるが、「第Ⅱ次大激変が存在するという法則」の方が、邪馬台国問題に直接関係する。それで、この本では、「第Ⅱ次大激変」の方をとりあげる。

「第Ⅱ次大激変の法則」は、データサイエンス的探究方法の、比較的わかりやすい具体例になりうると思う。

なお、私の探究方法の基本的な構造は、次のようになっている。

(1) 確実なデータから出発する。「データの集まりそのもの」が、議論の出発点、前提、幾何学でいえば、「公理」にあたるものとなる。

(2) データを、統計的に処理して、「法則」を見出す。この「法則」が、「定理」的なものとなる。

(3) 諸法則(諸定理)を組みあわせて、日本の古代史の「骨格」を作る。

(4) 「文献」「考古学的資料」その他により、「骨格」に「肉づけ」をする。

ユークリッドの幾何学をお手本として、ニュートン力学が成立した。これら近代科学をみちびいた方法をお手本とし、証明の方法や、根拠《エビデンス》のあげ方など、それにならう形で、古代史を考えようというわけである(公理主義)。

近代科学の記述は、物理現象を、数学という「ことば」を用いて記述することからはじまった。他の分野の科学的研究も、それにならうのが、近道である。それにこたえうるような、そして、多くの分野に適用しうるような数学（統計学や確率論）が、すでに用意されているのである。

この節で説明する「位至三公《いしさんこう》鏡」によって代表される、「いわゆる西晋鏡」以前の鏡は、九州の福岡県を中心に分布する。それよりあとの時代の鏡、「画文帯神獣《がもんたいしんじゅう》鏡」「三角縁神獣鏡」などは、奈良県を中心に分布する。

この大激変が起きたのは、大略、西暦３２０年〜３５０年ごろとみられる。

この「第Ⅱ次大激変」が起きたのは、大和朝廷の成立と発展が関係しているとみられる。

以下、次の三つにわけ、それぞれに、罫線を入れた。

〔A〕大激変以前の状況
〔B〕大激変
〔C〕大激変以後の状況

以下の罫線を入れた文章内のグラフをざっと、目で追ってみていただきたい。「大激変」の存在は、一目瞭然であると思う。

〔A〕大激変以前の状況

図11　県別　前漢の国系の鏡

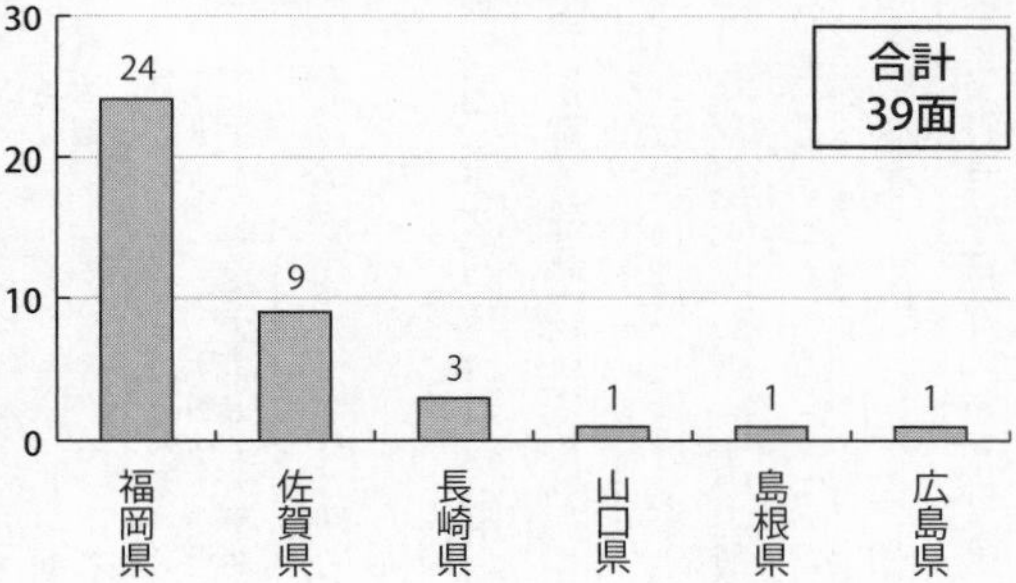

前漢の国（紀元前202年～紀元後8年）系の鏡

「草葉文鏡」「星雲鏡」「異体字銘帯鏡（昭明鏡・日光鏡・精白鏡など）」

前漢時代の「草葉文鏡」「星雲鏡」「異体字銘帯鏡」など寺沢薫著『弥生時代の年代と交流』（吉川弘文館、2014年）の所載の表のデータにより、作成した。

『考古資料大観6』（小学館、2003年）をみると、福岡県・須玖岡本遺跡出土の「草葉文鏡」については七つの、「星雲鏡」については三つの、鉛同位体比測定データが示されている。これは、あるいは、同一の鏡の異なる部位の測定値を含むか。そうではなく、すべて別個の鏡の測定値だとすると、福岡県の前漢の国系の鏡の出土数は、7面ふえ31面となる。

私が入手したかぎりのデータでは、39面のうち36面（92パーセント）が、北部九州から出土している。

とくに、福岡県が出土総数の60パーセント以上を占めている。

ここに示されたデータが示す事実に反証するためには、「福岡県が中心とはならない」という確実な統計的データを示さなければならない。以下の議論も同じである。

後漢の国（西暦25年～222年）、魏の国（西暦220年～265年）系の鏡

「雲雷文長宜子孫銘内行花文鏡」「八葉鈕座内行花文鏡」など（「蝙蝠鈕座内行花文鏡」はいれない）

図12のとおりである。

やはり、福岡県からの出土数が、トップである。「長宜子孫銘《ちょうぎしそんめい》」は、子孫繁栄を祈念した文字があるということで、「内行花《ないこうか》文《もん》」（「連弧《れんこ》文《もん》」ともいう）は、花弁のような半円弧が内向きに連なって配されている文様のこと。

「雲雷文長宜子孫銘内行花文鏡」については、156ページの**図**15参照。

図12　県別 雲雷文長宜子孫銘内行花文鏡・四葉鈕座内行花文鏡（四連）・八葉鈕座内行花文鏡などの出土数

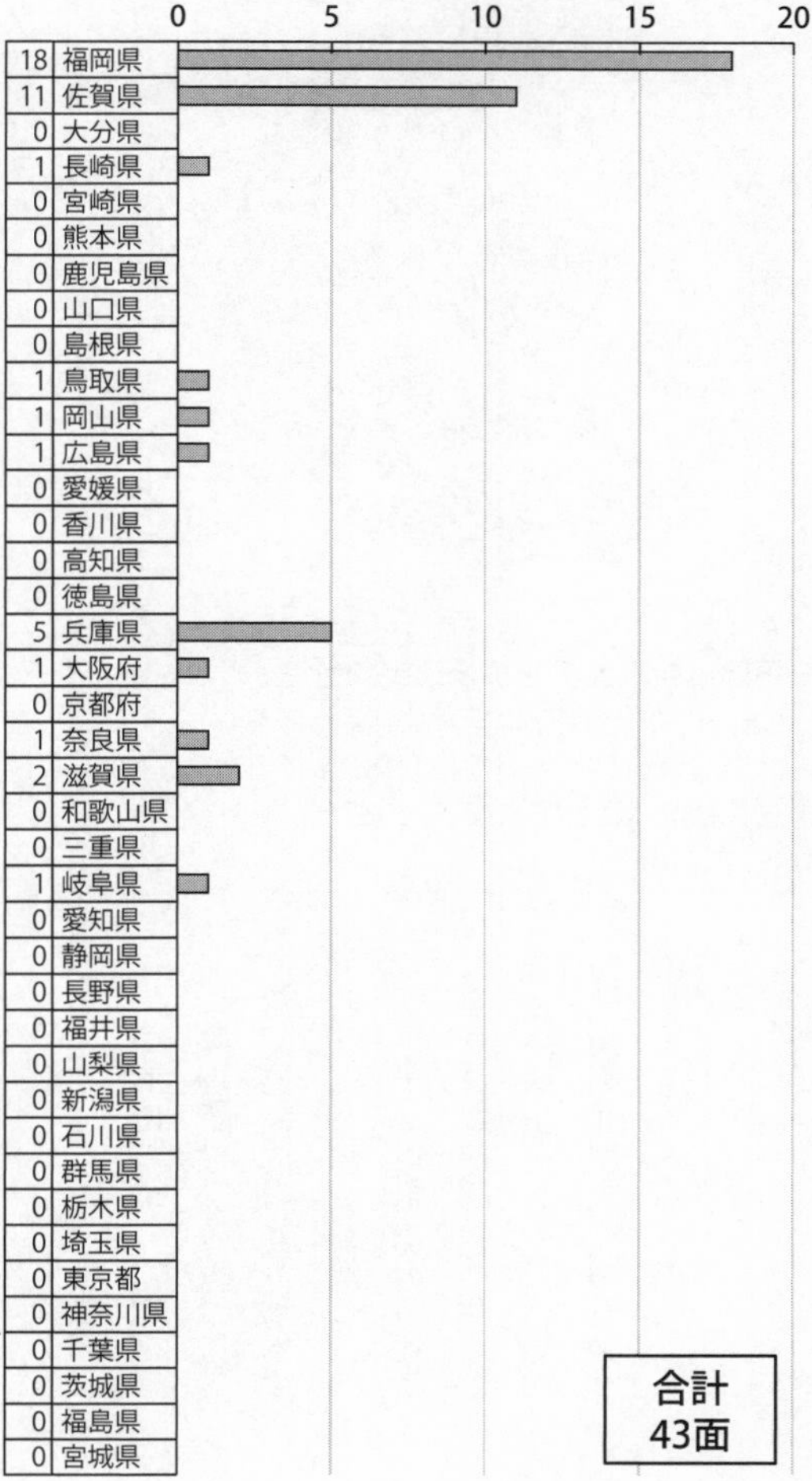

寺沢薫著『弥生時代の年代と交流』（吉川弘文館、２０１４年）の３３３〜３３６ページ所載の表のデータをベースとした。それに、平原遺跡出土鏡のデータをおぎなった。平原遺跡出土鏡のデータは、報告書『平原遺跡』（前原市教育委員会、２０００年）による

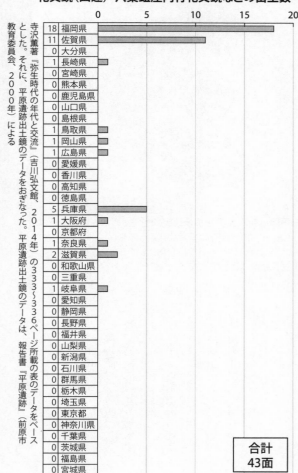

大略魏の国（西暦220年〜265年）のころ、ほぼ邪馬台国の時代に、わが国で作られていたとみられる鏡

「小形仿製鏡第Ⅱ型」

この鏡の出土数は、かなり多い。当時、魏の国では、銅原料が不足していた。仿製鏡《ぼうせいきょう》は中国の鏡を日本で模倣して造った鏡のことを指す。「第Ⅱ型」は、小形仿製鏡の分類型式名の整理番号である。

鉛同位体比の分析結果を見ると、貸泉（前漢と後漢の間にあった新の国の時代に鋳造された中国の銅銭）を大量に溶融すると、「小形仿製鏡第Ⅱ型」の銅のようになるかとみられる。

図13　「小形仿製鏡第Ⅱ型」の１例

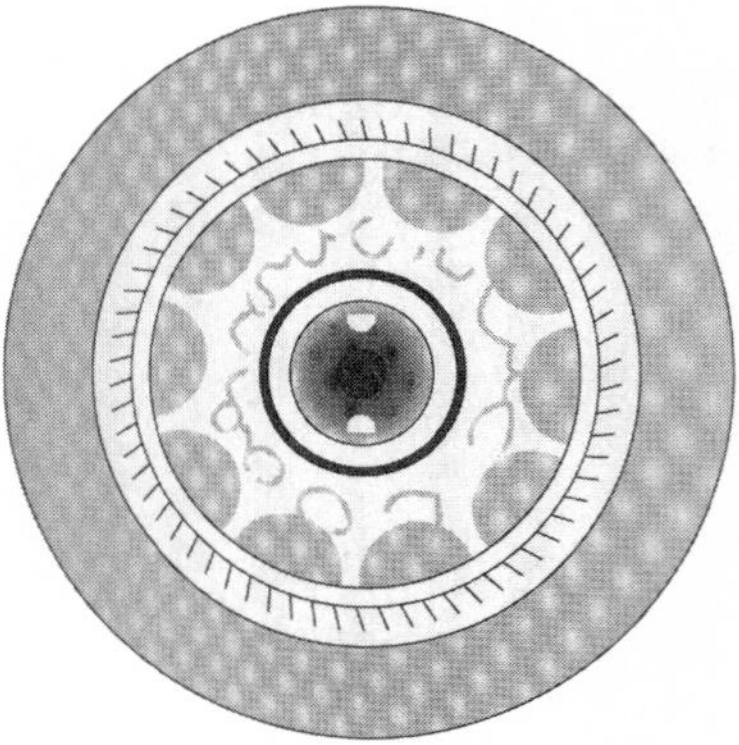

直径7.9㎝。
福岡市西区飯氏《いいじ》字馬場出土鏡をもとに作図。もとの拓本写真は、高倉洋彰「弥生時代小形仿製鏡について」（『季刊邪馬台国』32号、1987年、所載）による

図14　県別　小形仿製鏡第Ⅱ型の出土数

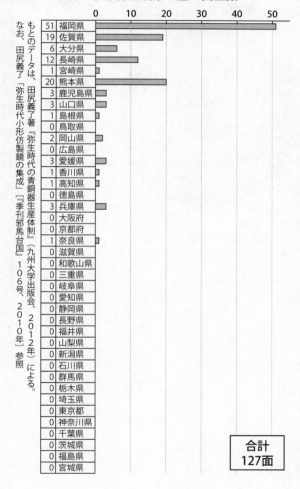

51	福岡県
19	佐賀県
6	大分県
12	長崎県
1	宮崎県
20	熊本県
3	鹿児島県
3	山口県
1	島根県
0	鳥取県
2	岡山県
0	広島県
3	愛媛県
1	香川県
1	高知県
0	徳島県
3	兵庫県
0	大阪府
0	京都府
1	奈良県
0	滋賀県
0	和歌山県
0	三重県
0	岐阜県
0	愛知県
0	静岡県
0	長野県
0	福井県
0	山梨県
0	新潟県
0	石川県
0	群馬県
0	栃木県
0	埼玉県
0	東京都
0	神奈川県
0	千葉県
0	茨城県
0	福島県
0	宮城県

合計
127面

もとのデータは、田尻義了著『弥生時代の青銅器生産体制』（九州大学出版会、２０１２年）による。

なお、田尻義了「弥生時代小形仿製鏡の集成」［『季刊邪馬台国』１０６号、２０１０年］参照

庄内期の鏡（寺沢薫氏は、庄内期を、ほぼ、邪馬台国時代にあたるとする）

鏡の地域的分布の中心は、福岡県を主とする北部九州となる。

とすると、鏡の分布から見たばあい、邪馬台国は、九州にあったことにならないか？

図15　庄内期の鏡の１例
（「雲雷文長宜子孫銘内行花文鏡」）

直径16.25㎝。
広島県北広島町千代田出土（『倭人と鏡』埋蔵文化財研究会刊による）

図16（図６再掲）　寺沢薫氏の資料（『弥生時代の年代と交流』吉川弘文館、2014年）による県別・庄内期の鏡の出土数

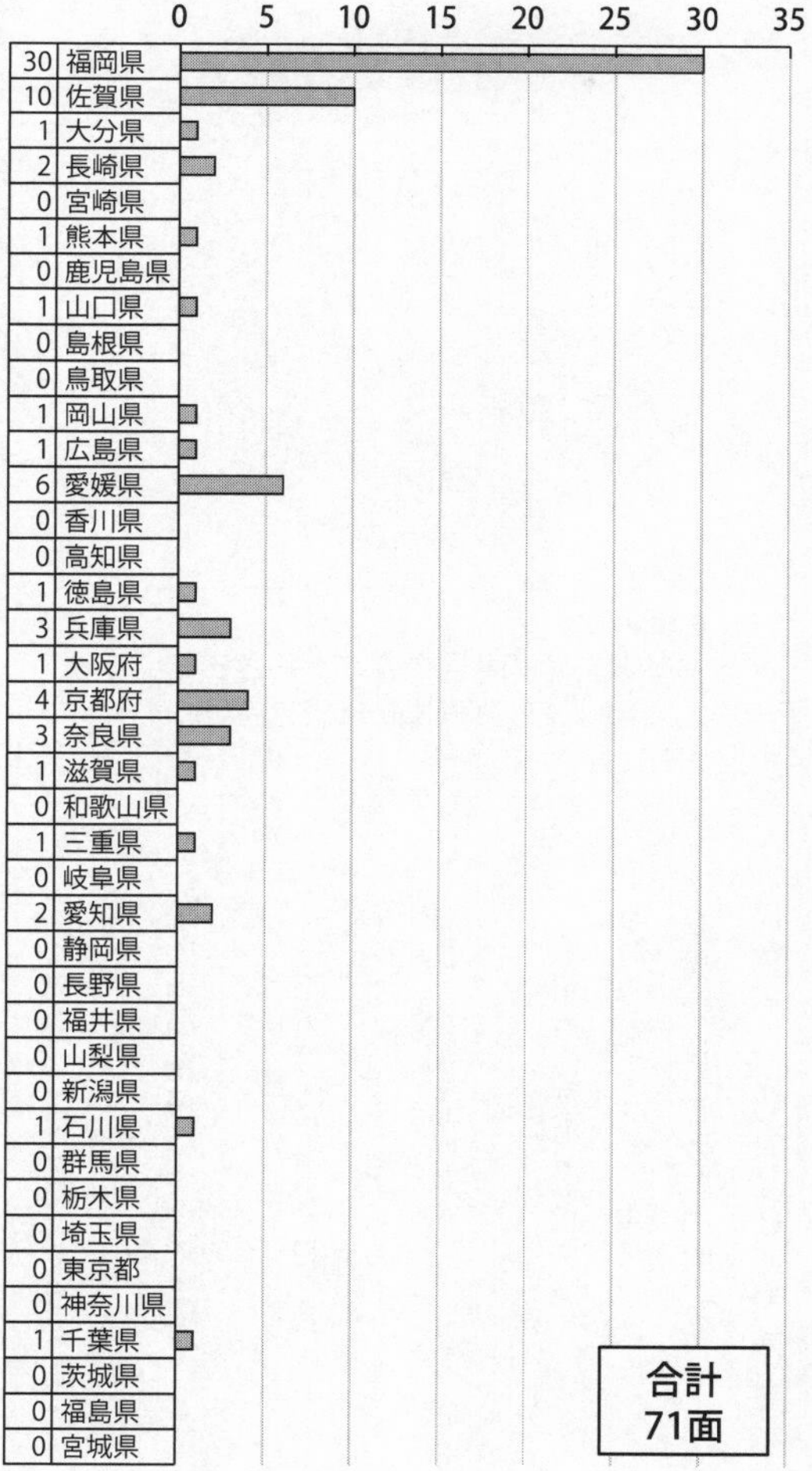

大略西晋（西暦265年～316年）ごろの中国の鏡
「位至三公鏡」と「双頭竜鳳文鏡」

図17　「位至三公鏡」の１例

直径9.8㎝。
福岡県前原市（現糸島町）井原出土
（『倭人と鏡』埋蔵文化財研究会刊による）

『洛鏡銅華』（中国・科学出版社、２０１３年）は、洛陽出土の銅鏡についてまとめている。

　13面の「位至三公鏡」系の鏡をのせる。そのうち、12面を、西晋時代の鏡とする。

　１面の「双頭竜鳳文鏡《そうとうりゅうほうもんきょう》」の類の鏡のみを、大略西晋の時代よりもあとの南北朝時代の北朝（３１１～６１９）」のものとする。また、

図18　「双頭竜鳳文鏡」の１例

直径13.6㎝。
京都国立博物館蔵（樋口隆康著『古鏡図録』新潮社による）

中国では、「洛陽晋墓」から、８面の「位至三公鏡」が出土し、そこから西暦287年、295年、302年にあたる年の墓誌が出土している。他にも、「285年～289年」ごろの年号を記した墓誌とともに出土している「位至三公鏡」が４面ほどある。

なお、「位至三公鏡」と「双頭竜鳳文鏡」とについての説明は、189ページ以下のコラムを読んでいただきたい。鏡のなまえの由来は、鏡背にある文字や図柄による。

「位至三公鏡」などの西晋時代ころの鏡も、北部九州を中心に分布しているところから見ると、やはり、邪馬台国は、九州にあったようにみえる。

邪馬台国勢力は、卑弥呼の時代のあとも、西晋王朝と国交をもっていたことを、中国の史書は、伝えている。

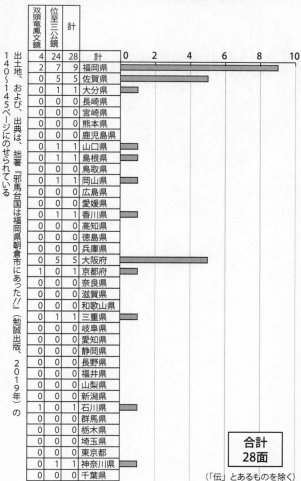

図19　「位至三公鏡」と「双頭竜鳳文鏡」の県別出土分布

双頭竜鳳文鏡	位至三公鏡	計	
4	24	28	計
2	7	9	福岡県
0	5	5	佐賀県
0	1	1	大分県
0	0	0	長崎県
0	0	0	宮崎県
0	0	0	熊本県
0	0	0	鹿児島県
0	1	1	山口県
0	1	1	島根県
0	0	0	鳥取県
0	1	1	岡山県
0	0	0	広島県
0	0	0	愛媛県
0	1	1	香川県
0	0	0	高知県
0	0	0	徳島県
0	0	0	兵庫県
0	5	5	大阪府
1	0	1	京都府
0	0	0	奈良県
0	0	0	滋賀県
0	0	0	和歌山県
0	1	1	三重県
0	0	0	岐阜県
0	0	0	愛知県
0	0	0	静岡県
0	0	0	長野県
0	0	0	福井県
0	0	0	山梨県
0	0	0	新潟県
1	0	1	石川県
0	0	0	群馬県
0	0	0	栃木県
0	0	0	埼玉県
0	0	0	東京都
0	1	1	神奈川県
0	0	0	千葉県

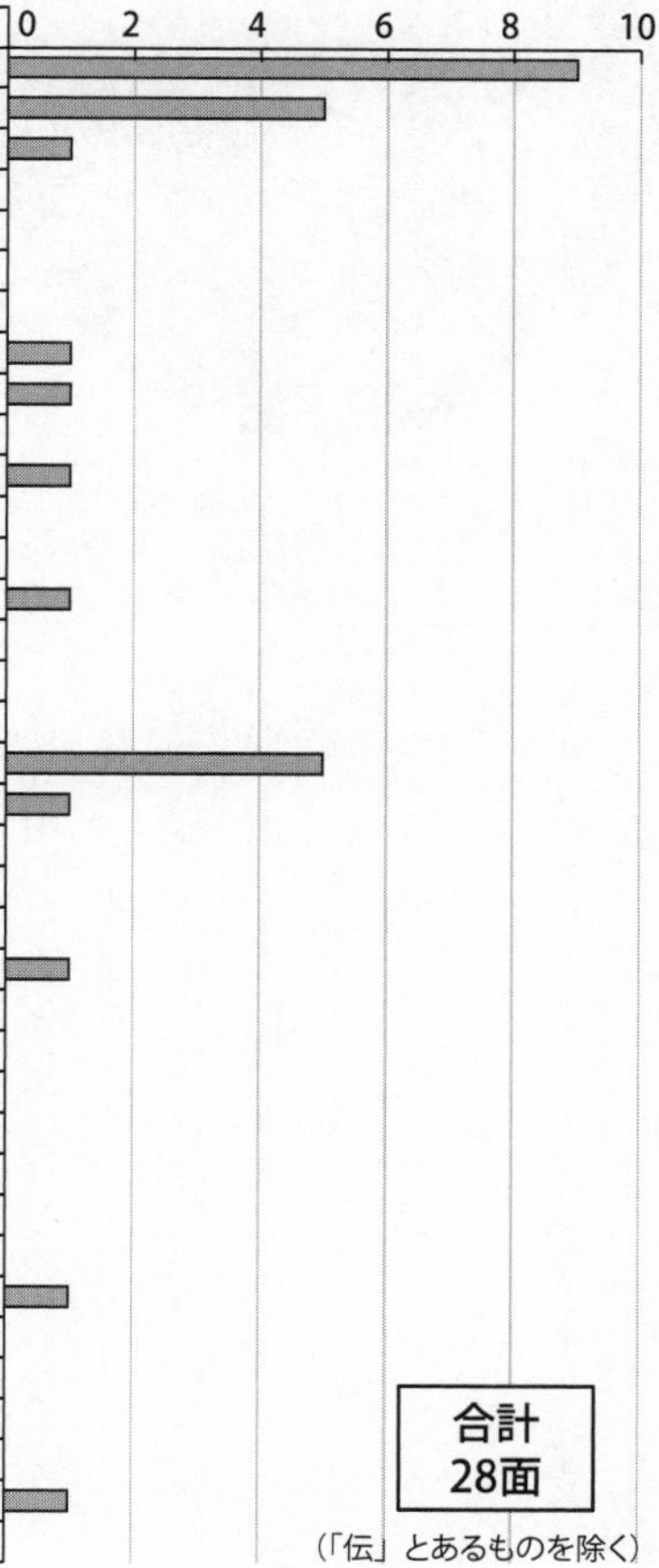

（「伝」とあるものを除く）

出土地、および、出典は、拙著『邪馬台国は福岡県朝倉市にあった!!』（勉誠出版、2019年）の140～145ページにのせられている

大略西晋ごろの中国の鏡

「夔鳳鏡」と「獣首鏡」

わが国で出土する「夔鳳鏡《きほうきょう》」(図20)と「獣首鏡」は、わが国で出土する「位至三公鏡」や「双頭竜鳳文鏡」と銅原料が、ほぼ同じであることが知られている(鉛同位体比の測定による)。また、中国において、「夔鳳鏡」などは、しばしば「位至三公鏡」が出土するのと同じ墓から出土している。

図20　夔鳳鏡（径12.6㎝）

栃木県那須郡小川町（現那珂町）大字吉田、那須八幡塚古墳出土（『倭人と鏡』埋蔵文化財研究会刊による）

「夔鳳鏡」「獣首鏡」も中国で、ほぼ西晋時代を中心とするころに行なわれた鏡とみられる。「夔鳳鏡」は、中国では「対鳳鏡」などと呼ばれる。対になった2羽の鳳《おおとり》が羽を広げて相い向かう模様などが4対。真ん中にある鈕《ちゅう》（つまみ）をめぐり描かれている。「獣首鏡」は、「夔鳳鏡」と全体の構図はほぼ同じであるが、対の鳳の代わりに獣や竜の面（顔）などの文様が四つ描かれている。

図21　「夔鳳鏡」と「獣首鏡」の県別出土分布

出土地と出典は、『季刊邪馬台国』の138号（2020年）の、34〜36ページに記されている

獣首鏡	夔鳳鏡	計	
8	27	35	計
2	9	11	福岡県
0	3	3	佐賀県
0	0	0	大分県
0	1	1	長崎県
1	0	1	宮崎県
0	0	0	熊本県
0	0	0	鹿児島県
0	0	0	山口県
0	0	0	島根県
1	1	2	鳥取県
0	1	1	岡山県
1	0	1	広島県
0	0	0	愛媛県
0	0	0	香川県
1	0	1	高知県
0	0	0	徳島県
0	3	3	兵庫県
0	0	0	大阪府
0	4	4	京都府
0	1	1	奈良県
0	1	1	滋賀県
0	0	0	和歌山県
1	0	1	三重県
0	0	0	岐阜県
0	0	0	愛知県
0	0	0	静岡県
1	0	1	長野県
0	0	0	福井県
0	0	0	山梨県
0	0	0	新潟県
0	2	2	石川県
0	0	0	群馬県
0	1	1	栃木県
0	0	0	埼玉県
0	0	0	東京都
0	0	0	神奈川県
0	0	0	千葉県

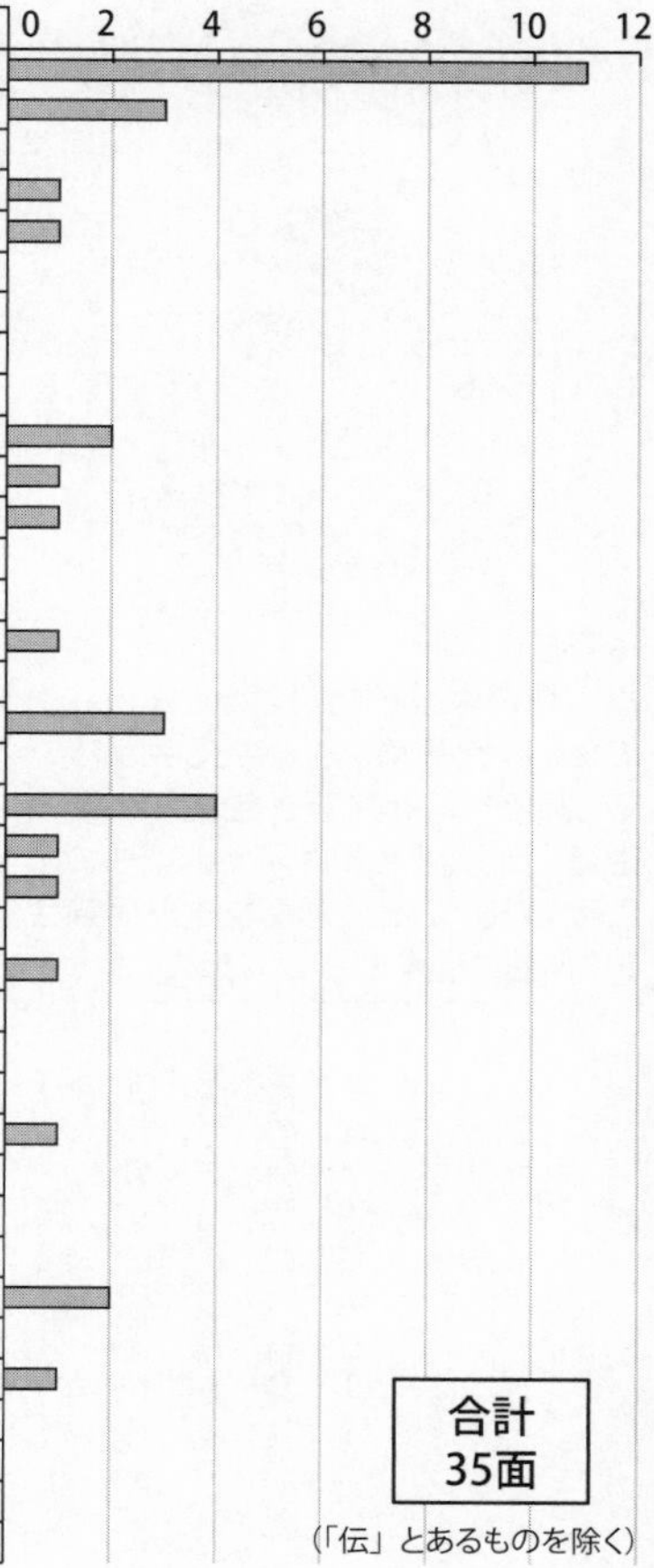

合計
35面

（「伝」とあるものを除く）

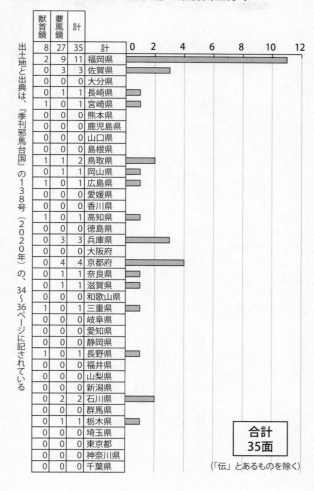

大略西晋ごろの中国の鏡

「蝙蝠鈕座内行花文鏡」

わが国で出土している「蝙蝠鈕座内行花文鏡《こうもりちゅうざないこうかもんきょう》」は、「位至三公鏡」や「夔鳳鏡」などと、銅原料がほぼ同じであることが知られている（鉛同位体比の測定による）。

また、中国において、「蝙蝠鈕座内行花文鏡」は、「位至三公鏡」が出土するのと、同じ墓からしばしば出土している。蝙蝠鈕座内行花文鏡は鈕のつまみの周りにコウモリの文様があり、その外周に内行花文が配された鏡である。

図22「蝙蝠鈕座《こうもりちゅうざ》内行花文鏡」の１例

復元径13.6㎝。
蝙蝠鈕座内行花文鏡のほとんどすべてに「長宜子孫」などの文字がはいる。図は福岡県糟屋郡粕屋町大字大隈の、上大隈平塚古墳出土のものによる（『倭人と鏡』埋蔵文化財研究会刊、所載の図をもとに作成）

図23　「蝙蝠鈕座内行花文鏡」の県別出土分布

『季刊邪馬台国』71号（2000年）の62・63ページにのせられているデータをもとにし、下垣仁志著『日本列島出土鏡集成』［同成社、2016年］でチェックし、加減した

蝙蝠鈕座内行花文鏡	
13	福岡県
0	佐賀県
0	大分県
0	長崎県
0	宮崎県
0	熊本県
0	鹿児島県
1	山口県
2	島根県
0	鳥取県
0	岡山県
1	広島県
1	愛媛県
1	香川県
0	高知県
0	徳島県
1	兵庫県
1	大阪府
2	京都府
0	奈良県
0	滋賀県
0	和歌山県
0	三重県
1	岐阜県
0	愛知県
1	静岡県
0	長野県
0	福井県
0	山梨県
0	新潟県
0	石川県
1	群馬県
0	栃木県
0	埼玉県
0	東京都
0	神奈川県
0	千葉県

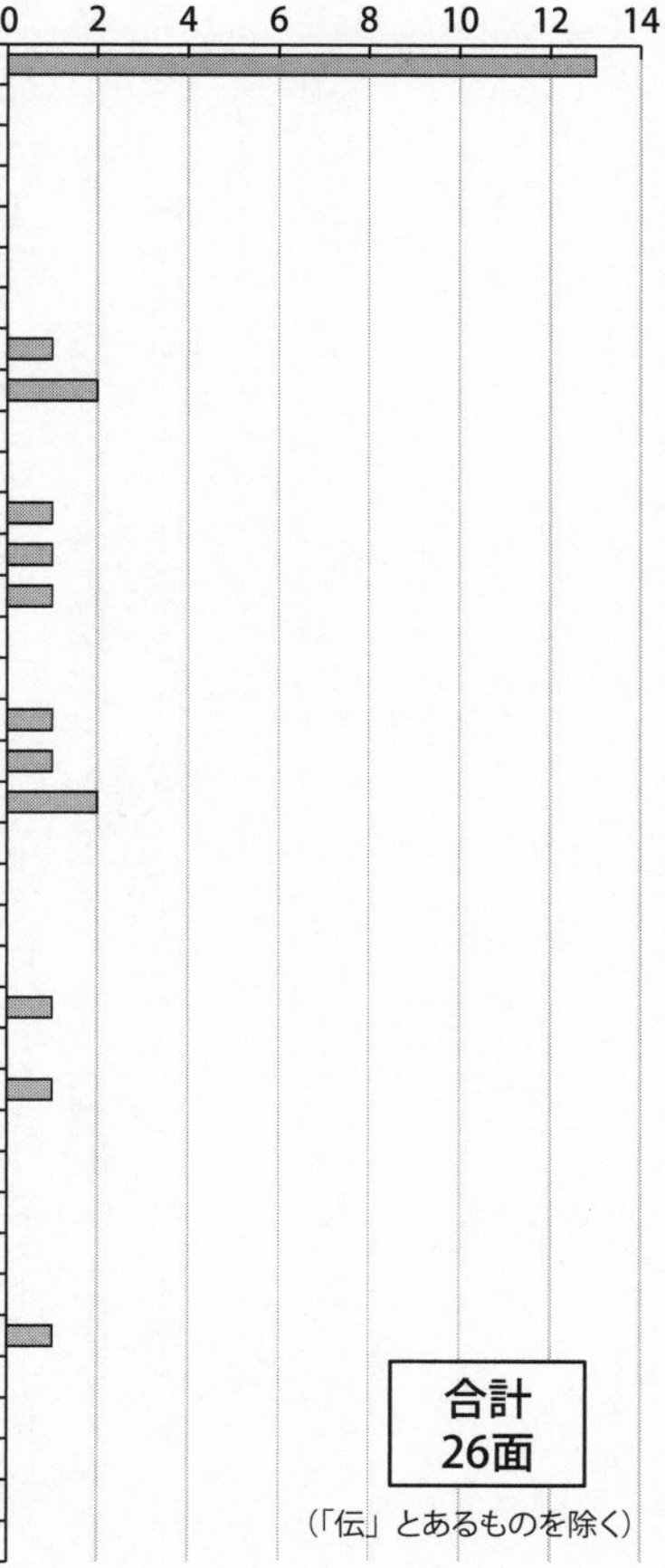

合計
26面

（「伝」とあるものを除く）

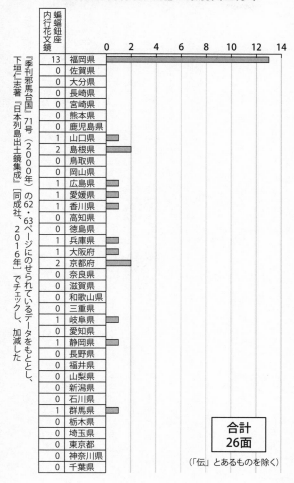

大略西晋の国ごろの鏡

「いわゆる西晋鏡」

以上の、大略西晋の国時代ごろの鏡、「位至三公鏡」「双頭竜鳳文鏡」「虁鳳鏡」「獣首鏡」「蝙蝠鈕座内行花文鏡」をまとめて、「いわゆる西晋鏡」と呼ぶことにする。

「いわゆる西晋鏡」について、グラフを作れば、**図24**のようになる。

奈良県から出土の1面の「いわゆる西晋鏡」は、桜井茶臼山古墳出土のもので、**図24**には、「虁鳳鏡」とあるが、正確には、「単虁鏡」である。これを、「虁鳳鏡」の中に入れるべきか否か、やや問題が残る。もし、これを除けば、奈良県出土の「いわゆる西晋鏡」は、確実なものは、1面もないことになる。

図24　「いわゆる西晋鏡」の県別出土分布

蝙蝠鈕座内行花文鏡	獣首鏡	夔鳳鏡	双頭竜鳳文鏡	位至三公鏡	計	
26	8	27	4	24	89	計
13	2	9	2	7	33	福岡県
0	0	3	0	5	8	佐賀県
0	0	0	0	1	1	大分県
0	0	1	0	0	1	長崎県
0	1	0	0	0	1	宮崎県
0	0	0	0	0	0	熊本県
0	0	0	0	0	0	鹿児島県
1	0	0	0	1	2	山口県
2	0	0	0	1	3	島根県
0	1	1	0	0	2	鳥取県
0	0	1	0	1	2	岡山県
1	1	0	0	0	2	広島県
1	0	0	0	0	1	愛媛県
1	0	0	0	1	2	香川県
0	1	0	0	0	1	高知県
0	0	0	0	0	0	徳島県
1	0	3	0	0	4	兵庫県
1	0	0	0	5	6	大阪府
2	0	4	1	0	7	京都府
0	0	1	0	0	1	奈良県
0	0	1	0	0	1	滋賀県
0	0	0	0	0	0	和歌山県
0	1	0	0	1	2	三重県
1	0	0	0	0	1	岐阜県
0	0	0	0	0	0	愛知県
1	0	0	0	0	1	静岡県
0	1	0	0	0	1	長野県
0	0	0	0	0	0	福井県
0	0	0	0	0	0	山梨県
0	0	0	0	0	0	新潟県
0	0	2	1	0	3	石川県
1	0	0	0	0	1	群馬県
0	0	1	0	0	1	栃木県
0	0	0	0	0	0	埼玉県
0	0	0	0	0	0	東京都
0	0	0	0	1	1	神奈川県
0	0	0	0	0	0	千葉県

合計
89面

『魏志倭人伝』の記載と関連のある事物

鉄の鏃《やじり》

『魏志倭人伝』に、「倭人は『鉄の鏃』を用いる」とある。

弥生時代の「鉄の鏃」も、福岡県をはじめとする北部九州を中心に分布する。「鉄の鏃」の県別分布は、すでに、112ページの、**図10**に示した。

それだけではない。『魏志倭人伝』に記されている倭の文物で、考古学的遺物を残しうるもののほとんどは、福岡県をはじめ、北部九州を中心に分布する。

鉄刀・鉄剣・鉄矛・鉄戈

『魏志倭人伝』に、「五尺の刀」二口という記事がある。

また、倭人は、武器に「矛」を用いるとある。「五尺刀」「矛」は、いずれも鉄製とみられる。「刀」と「剣」、「矛」と「戈」はかならずしも、明確には、区別されていないので、「鉄刀」「鉄剣」「鉄矛」「鉄戈」の県別分布を調べれば、**図25**のようになる。「鉄鏃」の分布に、ほぼ近い。

図25　県別　弥生時代の鉄刀・鉄剣・鉄矛・鉄戈の数

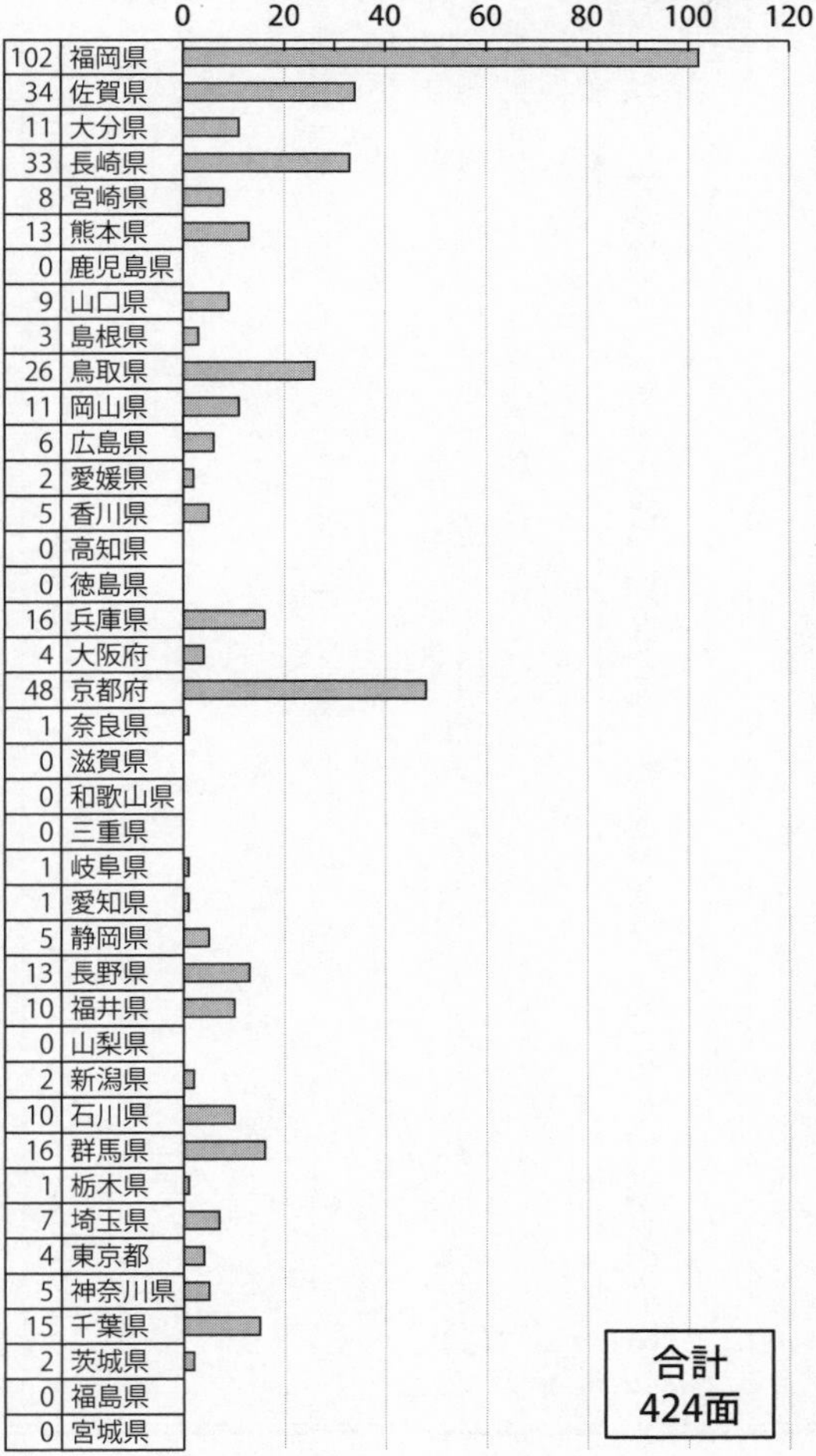

もとのデータは、川越哲志編『弥生時代鉄器総覧』〔広島大学文学部考古学研究室、2000年〕による

〔B〕大激変

ここまで調べたものは、すべて、福岡県を中心とする北部九州を中心として分布する。

それは、時期的にみれば、次のようなものである。

（1）中国では、おもに、前漢（紀元前202年〜紀元後8年）から、西晋（265年〜316年）のころのものとして出土している遺物である。

（2）日本では、おもに、弥生時代・庄内期にかけてのころ、出土している遺物である。

（3）邪馬台国の時代も、この時期のうちに含まれる。このような状況は、邪馬台国が、北部九州にあったことを強く指し示す。

ここで、大激変が起きる。以後、鏡などが、奈良県をはじめとする近畿を中心に分布するようになるのだ。

それは、時期的にみれば、次のようなものである。

(1)中国では、東晋（317年〜420年）以後の時代にほぼあたる。
(2)日本では、古墳（前方後円墳）時代、布留式土器以後の時代に、ほぼあたる。
(3)大和朝廷が成立し、発展した時代にあたる。
以下では、その状況をみてみよう。

〔C〕大激変以後の状況

中国長江流域系の鏡

「画文帯神獣鏡」

「画文帯神獣鏡」は、わが国でも、150面以上出土する。中国中・南部の長江流域系の銅原料と文様をもつ。4世紀前半あるいは中ごろから登場し、おもに4世紀の遺跡から出土している。

中国でも、150面以上出土している。

図26　「画文帯神獣鏡」の1例

直径10.3㎝。
図は、川西宏幸著『同型鏡とワカタケル』（同成社、2004年）にもとづいて作成

図27　県別「画文帯神獣鏡」の出土数

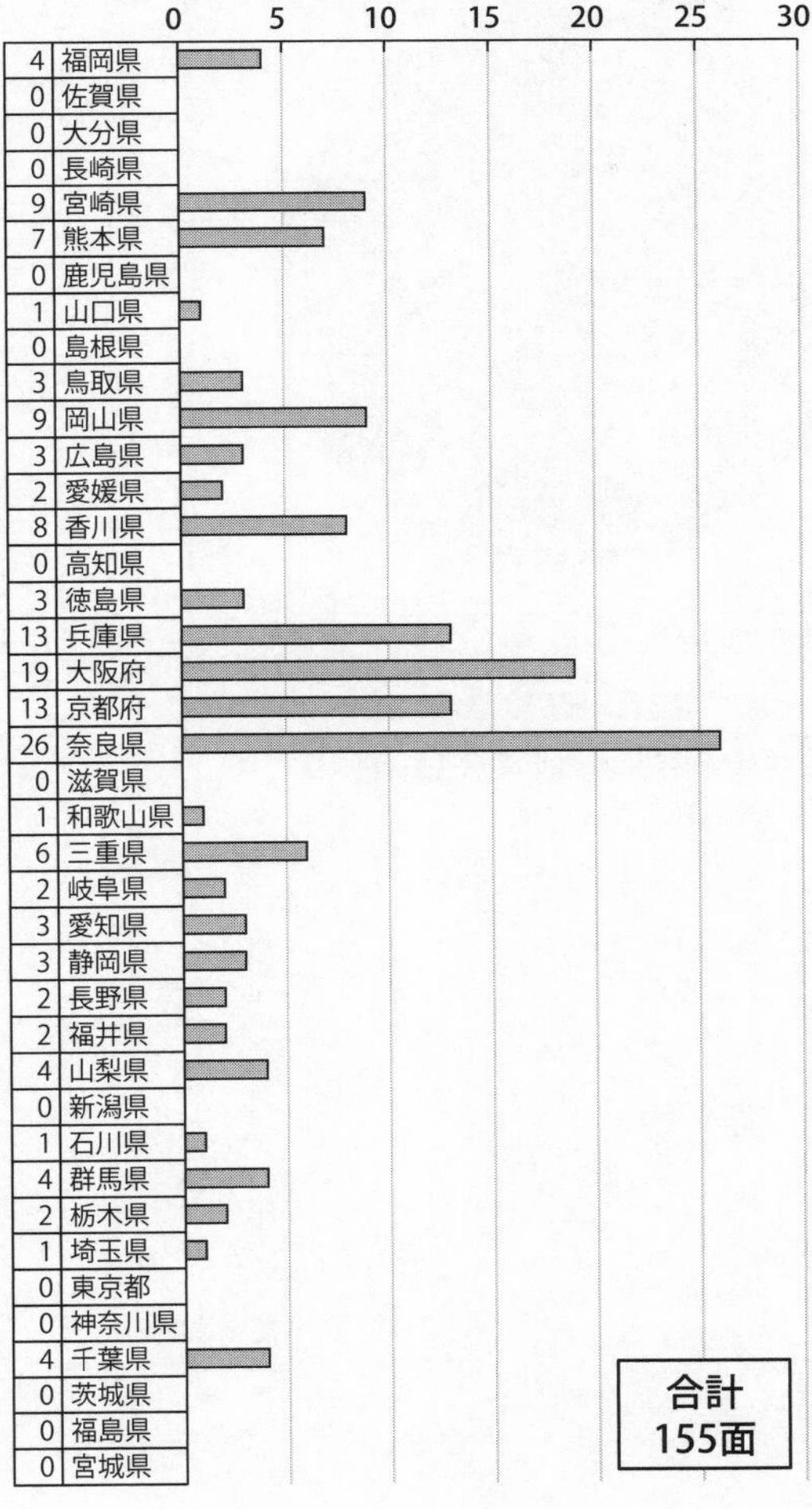

もとの出土データは、拙著『大崩壊「邪馬台国畿内説」』（勉誠出版、2012年）に示したデータによる

中国長江流域系だが中国では出土しない鏡

「三角縁神獣鏡」

鏡の縁の断面が三角形になっている大型の鏡である。三角縁神獣鏡は、中国本土からは1面も出土していない。ただし、神獣の文様、鉛同位体比などは、長江流域系の流れを汲むものである。わが国では、「画文帯神獣鏡」よりも、すこし遅れて登場する。おもに4世紀の遺跡から出土している。

図28　「三角縁神獣鏡」の1例

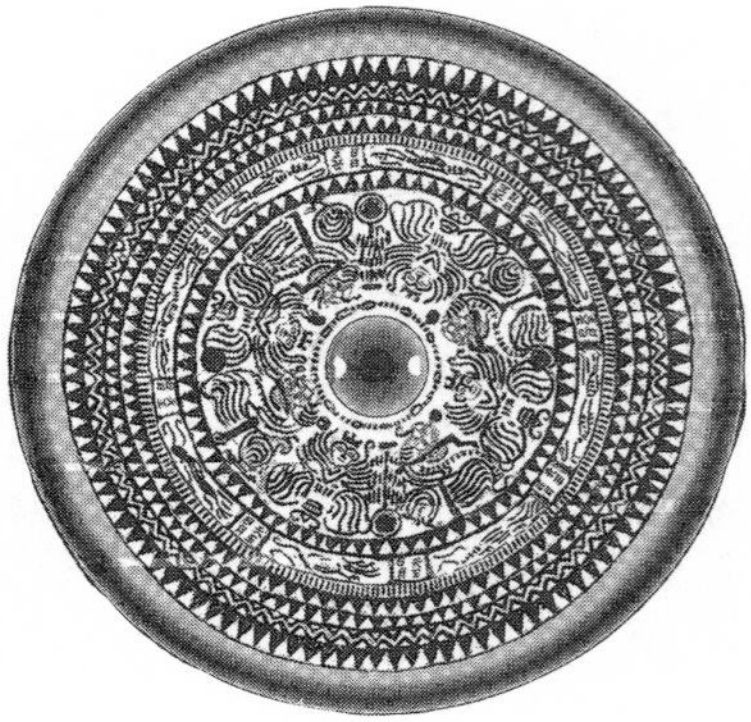

直径23.2㎝。
京都府相楽《そうらく》郡山城町《やましろちょう》（現木津川《きづがわ》市）
椿井《つばい》大塚山《おおつかやま》古墳出土の「三角縁獣帯四神四獣鏡」を描いたもの

図29　県別　「三角縁神獣鏡」の出土数

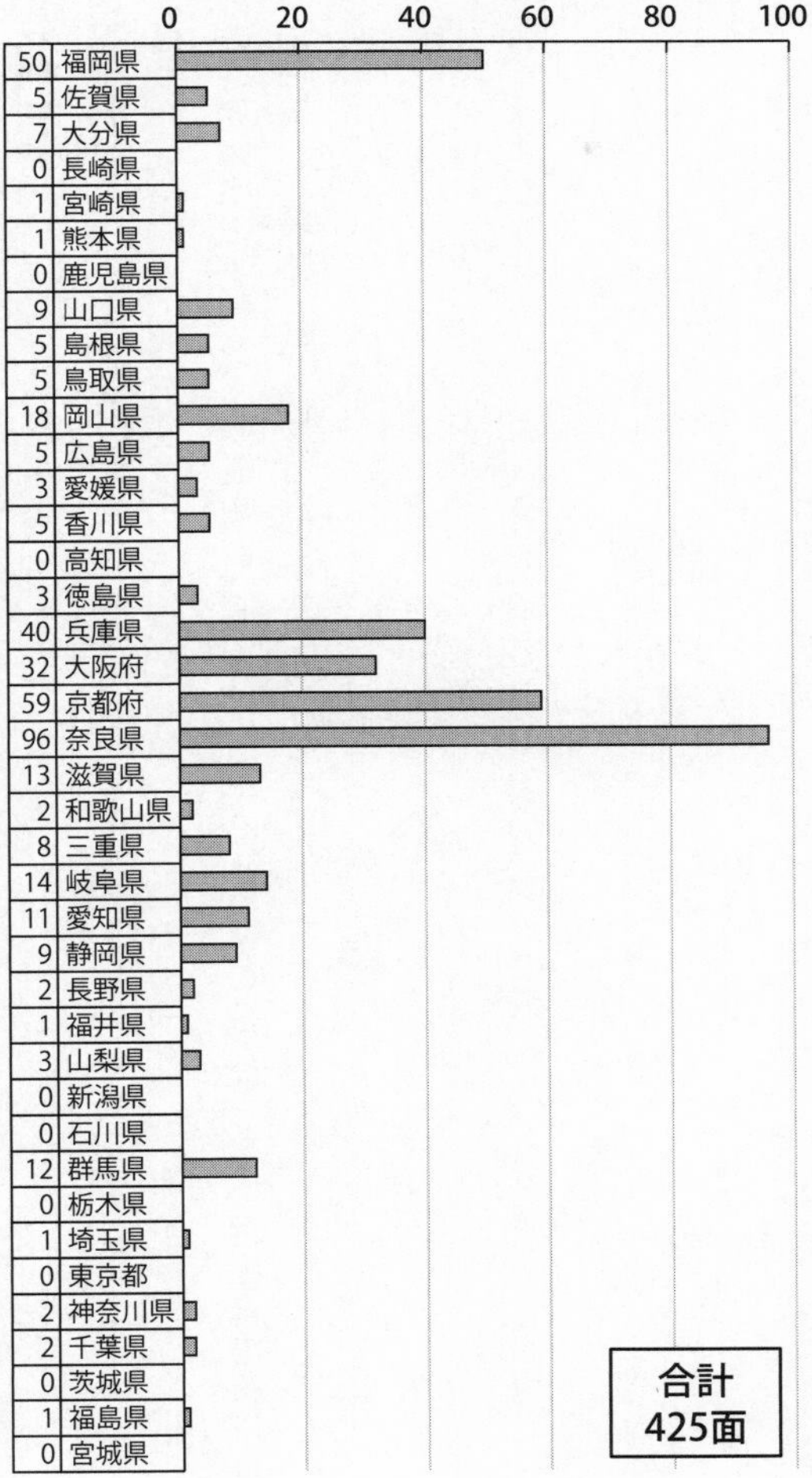

もとのデータは、下垣仁志著『三角縁神獣鏡研究事典』（吉川弘文館、2010年）による。ただし、「伝」「推定」などとあり、出土地が不確かなものをのぞく

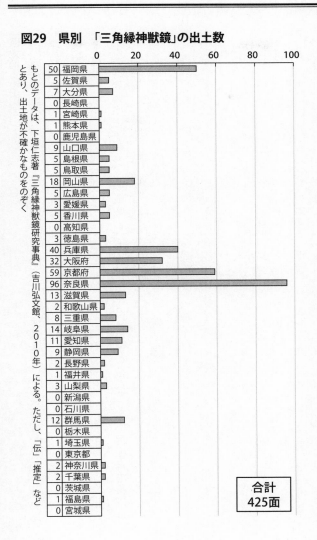

「巨大前方後円墳」

「巨大前方後円墳」も、「画文帯神獣鏡」や「三角縁神獣鏡」と同じく、奈良県を中心として分布する。

図30と**図31**に、全長100メートル以上と、全長80メートル以上の「前方後円墳」の県別分布を示した。

古墳時代に出土する多くの遺物、たとえば、竪穴式石室の数なども、「巨大前方後円墳」と同じく、奈良県を中心に分布するとみられる。

図30　県別　巨大前方後円墳（全長100m以上）の数

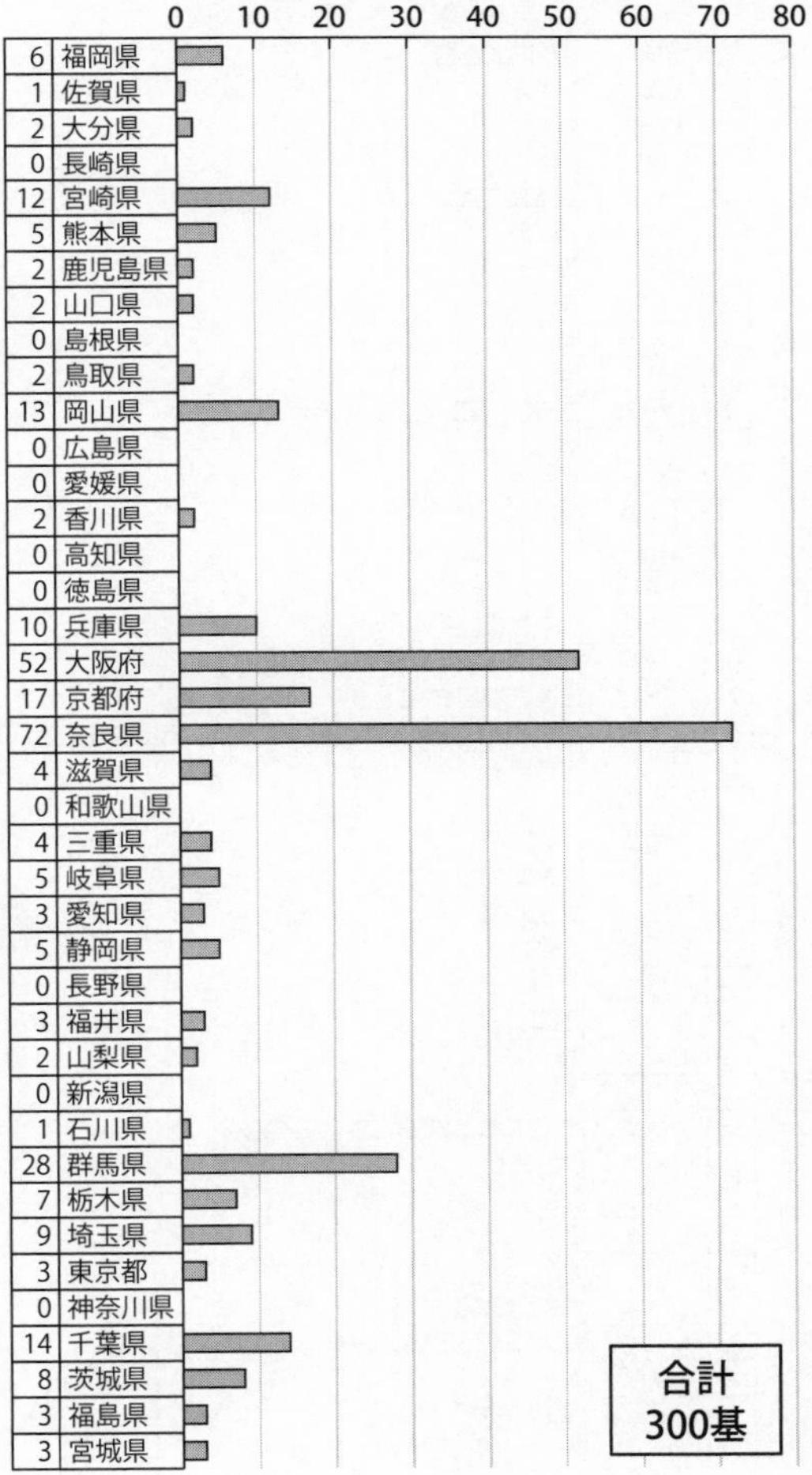

もとのデータは、「前方後円墳のデータベース」（『季刊邪馬台国』77号、梓書院、2002年）による

図31　県別　巨大前方後円墳（全長80m以上）の数

23	福岡県
5	佐賀県
5	大分県
0	長崎県
23	宮崎県
10	熊本県
3	鹿児島県
2	山口県
3	島根県
7	鳥取県
21	岡山県
1	広島県
1	愛媛県
3	香川県
0	高知県
1	徳島県
17	兵庫県
62	大阪府
29	京都府
88	奈良県
11	滋賀県
4	和歌山県
9	三重県
16	岐阜県
16	愛知県
9	静岡県
2	長野県
8	福井県
4	山梨県
2	石川県
55	群馬県
14	栃木県
10	埼玉県
3	東京都
2	神奈川県
31	千葉県
35	茨城県
4	福島県
6	宮城県
1	山形県

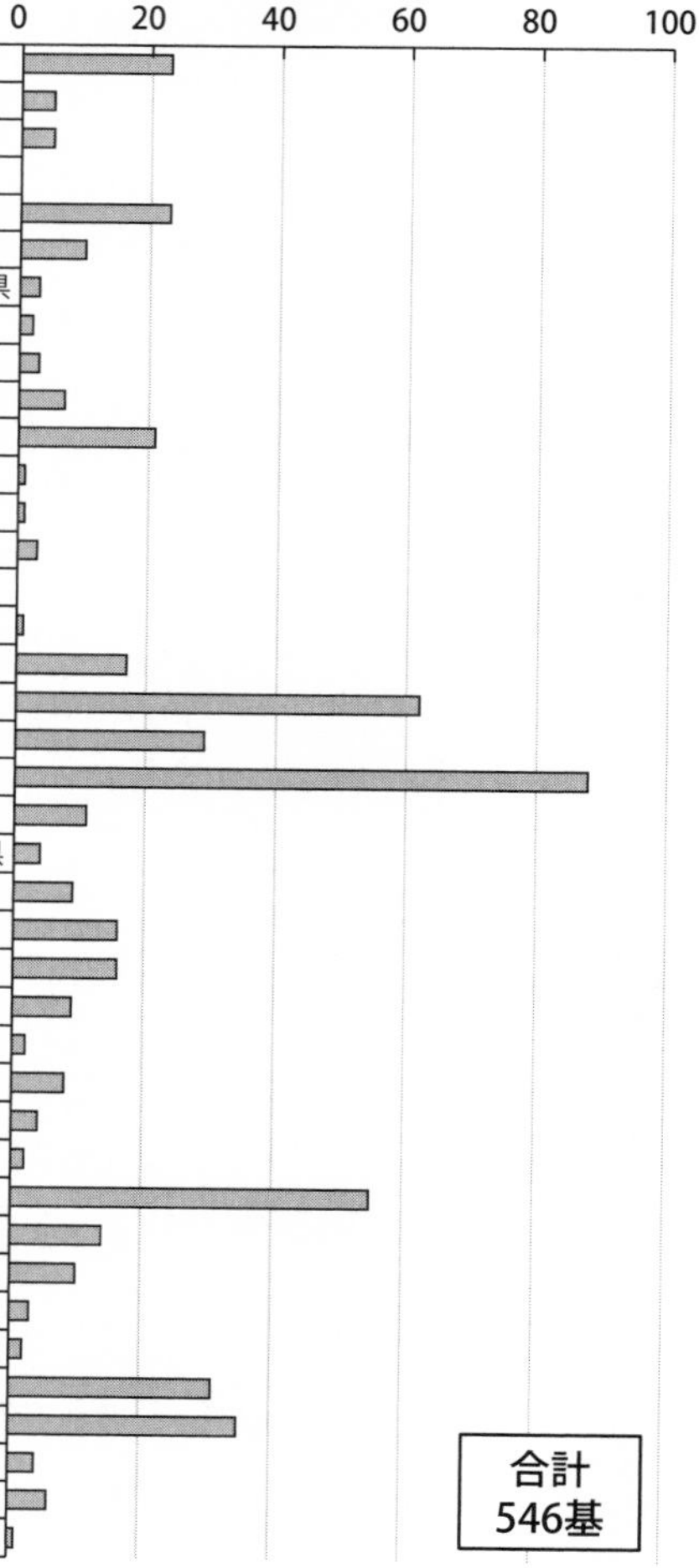

もとのデータは、「前方後円墳のデータベース」（『季刊邪馬台国』77号、梓書院、2002年）による

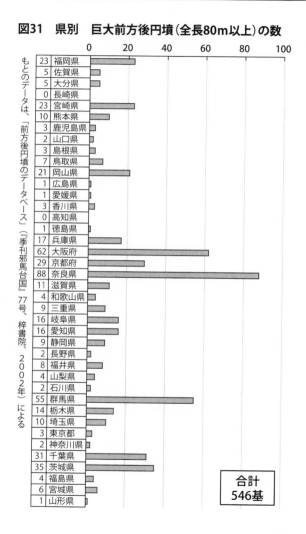

以上示したデータにおいて、次のようなことに注意していただきたい。

(1)「鏡」という「物《もの》」をカウントしているようにみえるが、カウントしているのは、ある型式の鏡が、ある県から出土するという「できごと」が、何回起きているか、という「こと」を教えている。「出土した回数」という「情報」をカウントしている。

(2) 個々の鏡についての記述ではなく、時代により出土中心地域が、どのように変化するのか、「その変化」の様子を見ている。

(3) グラフという形で、変化の様子を、「視覚化」している。最終的には、肉眼で見える形にしているのであるが、見ているのは、「鏡」そのものではない。鏡の出土傾向の「変化の様子」である。

このような「大激変の様子」などは、個々の鏡を、くわしく観察するだけでは、浮かびあがってこない。「変化」を記述するためには、「変化の様子」をしらべ、記述する「方法」が必要である。

このような方法こそが、「歴史」を、「時の流れによる変化」を、可視化するものである。

梅原末治の方法論をうけつぐ「一群の人々」は、一面の「鏡」については、微細に観察し、記録することができる。しかし、「鏡たち」が示している、直接肉眼で観察できない

「大激変」などは、まったくといってよいほど、目に映らないのである。

ここまでの議論のまとめ

ここまでのところの議論をもとに、大まかに、私の考えをまとめておこう。

(1)「位至三公鏡」など、「いわゆる西晋鏡」は、わが国では、福岡県をはじめ、北部九州を中心とする地域から出土している。

(2)鏡の地域的分布状況からは、西晋時代のころまで、倭国の中心、邪馬台国は、北部九州にあったようにみえる。

(3)もし、長江流域系の「三角縁神獣鏡」などが、3世紀のわが国に存在していたとすれば、「小形仿製鏡第Ⅱ型」や、「いわゆる西晋鏡」にまじって、「三角縁神獣鏡」なども、しばしば出土するはずである。

「三角縁神獣鏡」などが3世紀の魏のころから、奈良県の地に存在したとする説は、具体的なデータが示すところと、衝突している。

「邪馬台国＝畿内説」をとる方々は、すくなくとも、このような「衝突」がなぜ起きるのかを、説明しなければならない。

卑弥呼の宮殿があったとみられる朝倉市について

拙著『邪馬台国は福岡県朝倉市にあった!!』(勉誠出版)で、ややくわしく述べたところであるが、私は、**卑弥呼のみやこ**(日本語の「みやこ」は、「宮処《みやこ》」で、王の宮殿のあった場所の意味)**は、福岡県の朝倉市にあったであろう**、と考えている。

地図1をご覧いただきたい。

邪馬台国の時代のころは、「箱式石棺」が行なわれていた。地面に穴を掘って石の板で箱状に囲い、遺体を置き、上から蓋《ふた》をする形式の埋葬法だ。

箱式石棺の分布は、朝倉市を中心とし、日田市におよんでいる。

なお、「箱式石棺」は、『魏志倭人伝』の記す倭人の葬法の「棺あって槨《かく》(外ばこ)なし」の記述と合っている。

「いわゆる西晋鏡」などは、おもに、庄内式土器の時代のものとして、箱式石棺などから出土する。これに対し、「三角縁神獣鏡」などは、おもに、庄内式より新しい布留式土器の時代のものとして、棺を納める室(槨《かく》)のある前方後円墳などから出土する。行なわれている土器の時代も異なり、出土する墳墓の形も異なる。

地図1　弥生時代後期の箱式石棺の分布
（弥生時代前期・中期の箱式石棺をのぞく）

茂木雅博著『箱式石棺』（同成社、2015年）所載のデータにもとづき作成

私の、「卑弥呼の宮殿、福岡県朝倉市所在説」について、さきの拙著をご覧いただきたいが、朝倉市には、「平塚川添遺跡《ひらつかかわぞえ》」が存在する。

1992年の12月に、朝倉市（当時甘木市）の夜須川（安川、小石原川）の近くの平塚川添遺跡が、弥生時代後期の大環濠集落址として発掘された。全国ではじめての、6重（場所によっては7重）の環濠をもつ遺跡であった（静岡県の伊場遺跡で、3重環濠がみいだされているが、これまで、4重以上の環濠は、みいだされていない）。

福岡県教育庁文化課の柳田康雄文化財保護室長は、東側の一ツ木《ひとつぎ》・小田台地に、同時代の集落がいくつもあることを強調し、全体的には「吉野ケ里よりも大きな集落群」として、次のように述べている。

「五重環濠（のちに、六重環濠であることが判明）のうち一番内側は、この中規模集落を囲んでいるが、外側の環濠は規模から見て、他の集落も含めて取り囲み、共同防御の役割を担っていたのではないか。拠点集落は別だと思うが、全体としては吉野ケ里よりもずっと大きな集落群と見るべきだ。」

当時国立歴史民俗博物館館長であった佐原真は、「学術的には吉野ケ里に匹敵する遺跡」と指摘し、九州大学の西谷正教授も、「吉野ケ里遺跡と同列の貴重な発見」と語った（以上、いずれも、『朝日新聞』１９９２年12月15日付朝刊による）。

『読売新聞』も、「『吉野ケ里』級の大集落跡　甘木（朝倉）・平塚川添遺跡で発掘」の見出しのもとに報道し、その中で、高倉洋彰・西南学院大学教授（考古学、日本考古学協会会長など）の次のような話を、掲載している。

「吉野ケ里と同様の性格を持った大規模な拠点集落で、邪馬台国時代の一つのクニの中心遺跡と思われる。弥生後期には関西を含めて拠点的な大規模集落は吉野ケ里を含めて二、三例で、同時期の日本最大級の環濠集落と見ていい。」

中国出土の「位至三公鏡」の年代

まず、189ページ以下のコラムに、「位至三公鏡」と「双頭竜鳳文鏡」の説明をしておく。

中国の秦・漢時代から南北朝時代までの、洛陽付近での考古学的発掘の、報告書類を集大成したものとして、『洛陽考古集成—秦漢魏晋南北朝巻—』（上・下、中国・北京図書館出版社、2007年）が発行されている。

また、洛陽付近から出土した鏡をまとめた図録に、『洛鏡銅華』（上・下、中国・科学出版社、2013年、岡村秀典監訳の日本語版は『洛陽銅鏡』）がある。

『洛陽考古集成』『洛鏡銅華』にのせられている「位至三公鏡」の類の鏡のうち、出土地と出土年のはっきりしているものすべてを、表の形にまとめれば、**表**11のようになる。

これらは、すべて、洛陽付近から出土したものである。洛陽は、後漢・魏・西晋の時代に都であった。

『洛鏡銅華』には、「位至三公鏡」といえるものが、12面紹介されている。いずれも、「西晋」時代の鏡とされている。

西晋王朝は、これまでも紹介したが西暦265年～316年のあいだつづいた。すなわち、卑弥呼の時代のすぐあとの三世紀後半から四世紀はじめごろに存在した王朝である。

表11をみると、次のようなことが読みとれる。
(1)「位至三公鏡」は、後漢晩期に出現している。
(2) **表**11の全部で27面の鏡のうち、後漢（25年～220年）時代のものは、1面のみで、魏（220年～265年）や西晋期のものが26面である。圧倒的に、魏や西晋の時代のものが多い。No.2～9に記すように、「洛陽晋墓」のばあい、24面の出土鏡のうち、8面は、「位至三公鏡」である。「洛陽晋墓」では、西暦287年（太康8）、295年（元康9）、302年（永寧2）の、三つの墓誌がでていることが注目される。いずれも、西晋時代のもので、西暦300年前後である。

	時期	出典ページ
	後漢晩期	①P368
	西晋時代	①P894
	晋の太康8年(西暦287)、元康9年(295)、永寧2年(302)の墓誌がでている。洛陽晋墓54基の埋葬の年代は、墓の型式や、同類の器物の形態の変化が大きくないことなどから、たがいにそれほど大きくは異ならないとされる	〃
		〃
		〃
		〃
		〃
		〃
		〃
	「曹魏遠からず」	①P927
	墓は、晋の太康8年(287)と形が近い。魏の正始8年(247)の墓から出土した器物と似たものがでている	〃
	魏の晩期～西晋早期	〃
	西晋早期か	①P946
	西晋中晩期	①P956
	〃	①P993
	西晋早期	①P1011
	西晋	①P103
	〃	①P1077
	〃	〃
	西晋中後期	②P205
	西晋	②P206
	〃	②P208
	〃	②P209
	〃	②P210
	〃	②P211
	〃	②P213
	〃	②P213

表11　洛陽付近出土の「位至三公鏡」

番号	銘文	直径(cm)	出土墓
1	位至三公	7.6	洛陽西郊漢墓
2	位至三公	9.5	洛陽晋墓
3	〃	9.0	〃
4	〃	不記載	〃
5	〃	〃	〃
6	〃	〃	〃
7	〃	〃	〃
8	〃	〃	〃
9	〃	〃	〃
10	位至三公	11	洛陽市東郊178号墓
11	〃	〃	〃
12	〃	〃	〃
13	位至三公	8.87	洛陽谷水晋墓
14	君宜高官	7.7	洛陽谷水晋墓
15	位至三公	9.70	河南省伊川県槐庄墓地西晋墓
16	位至三公	8.8	洛陽衡山路西晋墓
17	位至三公	10.5	洛陽孟津県邙山郷三十里鋪村
18	位至三公	10.4	洛陽孟津県邙山西晋墓
19	〃	7.7	〃
20	〃	10.5	洛陽市吉利区河陽家園住宅区工地
21	〃	〃	洛陽市澗西区東方紅拖拉機(トラクター)廠防空洞
22	〃	9.4	洛陽市澗西区東方紅拖拉機(トラクター)廠
23	〃	7.7	洛陽市曙光機械廠西晋廠M1
24	〃	9.0	偃師高竜半個寨磚廠M1
25	〃	9.4	洛陽612所地下車庫西晋墓M9884
26	君宜	8.3	洛陽612所地下車庫西晋墓M9884
27	位至三公	9.4	洛陽市澗西区礦山機械廠宿舎西晋墓M3

出典は、次のとおりである。

①『洛陽考古集成—秦漢魏晋南北朝巻—』上、下（中国・北京図書館出版社、2007年)。

②『洛鏡銅華』上冊（中国・科学出版社、2013年)。

(3) 西晋よりもあとの、南北朝時代のものとしては、双頭竜鳳文鏡系の「宜官」銘翼虎文鏡が1面、北朝（386年〜581年）の鏡として、洛陽市郊区岳家村から出土している。ただし、これは、出土年がしるされていない（この鏡のことは、『洛鏡銅華』および『洛陽出土銅鏡』に記されている）。

「位至三公鏡」が、主として西晋時代のものであることは、洛陽付近以外から出土した「位至三公鏡」についてもあてはまる。

写真２　中国出土の「位至三公鏡」の一例（『洛陽銅鏡』上巻による。）

西晋中後期
直径9.7㎝、厚さ0.4㎝
円形、円鈕、円鈕座。鈕座の上下にある双線の間に、それぞれ縦書きの「位至」、「三公」の4字の銘文がある。左右両側に変形鳳紋がある。外に2条の弦紋と櫛歯紋がめぐる。幅広い無紋の平縁。2003年4～7月、伊川県槐荘墓地6号西晋中後期墓出土。河南省文物考古研究院蔵［河南省文物考古研究所・伊川県文物管理委員会、2005］（霍宏偉）

写真３　「位至三公鏡」（径8.8㎝）

山口県山口市下宇野令、赤妻古墳出土（『倭人と鏡』埋蔵文化財研究会刊による）

位至三公鏡

位至三公鏡《いしさんこうきょう》は、鈕《ちゅう》（鏡背のまん中のつまみ。紐《ひも》［綬《じゅ》］を通す孔がある）をはさんで、上下に「位至」と「三公」の銘文をいれ、内区（内がわの部分）を二分する。「位至三公」の意味は、「この鏡を持っていると、最高の官職である太尉・司徒・司空などに出世することができる」という意味である。

左と右とに、双頭の獣の文様を配する。獣の文様は、ほ

写真４　「位至三公鏡」（径8.2㎝）

佐賀県東松浦郡浜玉町（唐津市）谷口、谷口古墳出土（樋口隆康著『古鏡図録』新潮社刊による）

とんど獣にみえないことがある。小形の鏡。

　中国では、後漢末から東晋代にかけて製作された。

　次に説明する双頭竜鳳文鏡《そうとうりゅうほうもんきょう》の系統の鏡である。

　ただ、双頭竜鳳文鏡では、主文様の外がわに連弧文（内行花文）があるが、位至三公鏡では、連弧文がない。

写真５　双頭竜鳳文

右上・竜頭、右下・竜頭、左上・鳳頭、左下・竜頭（樋口隆康著『古鏡』新潮社刊による）

双頭竜鳳文鏡

一つの体軀の両端に、竜または鳳凰の頭がついている。これを1単位の文様とするとき、2単位（2体軀分）が、左右に描かれている。

1単位の二つの頭がともに竜頭のこともあれば、一方が竜頭、一方が鳳頭のこともある。「双頭・竜鳳・文鏡」と区切るべきである。

文様の基本は、S字形または逆S字形で、点対称。

図32　「位至三公」銘双頭竜（鳳）文鏡

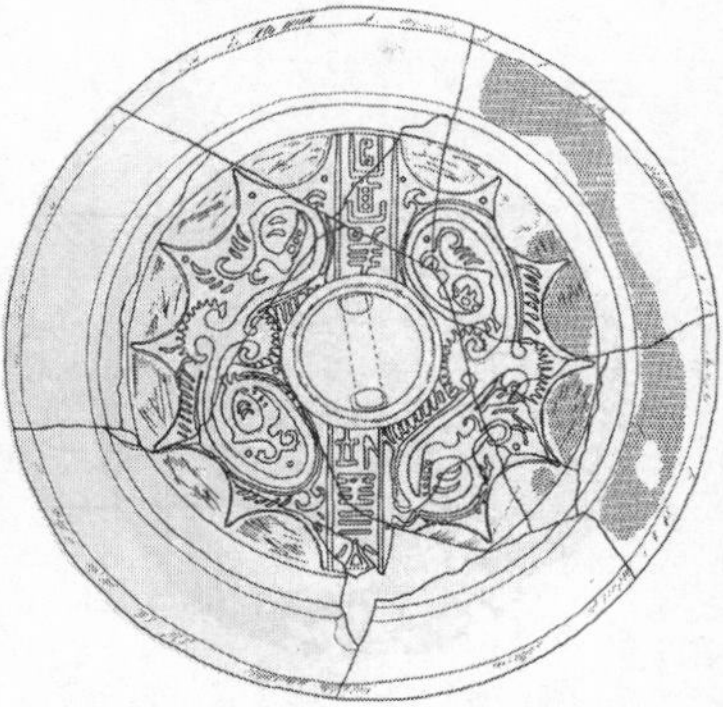

京都府船井郡園部町（現南丹市）黒田・船坂、黒田古墳出土（『倭人と鏡』埋蔵文化財研究会刊による）

いま、近藤喬一《たかいち》氏の論文「西晋の鏡」（『国立歴史民俗博物館研究報告』55集、1993年）にのっている「紀年墓聚成」の表にもとづくとき、年代の確定できる中国出土の「位至三公鏡」は、**表12**のとおりである。

この表のものに、さきにのべた「洛陽晋墓」出土の8面の「位至三公鏡」を加えれば、

表12　中国（洛陽付近以外）出土の「位至三公鏡」の年代（墓誌による）

時代	年代	出土地（直径）
西晋	285年	山東（記録なし）
西晋	285年	江蘇（9.8㎝）
西晋	287年	浙江（8.3㎝）
西晋	289年	遼寧（8㎝）

（1）この表に記したもの以外に、山東出土の「元嘉元年」のもの（9.6㎝）があるが、後漢の元嘉元年（151年）か、（劉）宋の元嘉元年（424年）か、確定しがたい。そこから出土した「位至三公鏡」そのものは、西晋代のものとみられている。
（2）河北省・北京市順義県大榮村西晋墓から、2面の「位至三公鏡」が出土しており、同じ封土内の塼室墓から、西晋の泰始7年（271年）銘の塼が出土している。

年代のほぼ確定できる12面の「位至三公鏡」のすべてが、西暦285年以後に埋納されたものといえる。すべて、西晋時代のものである。

表12に示されている鏡の年代からみて、わが国から出土する「位至三公鏡」も、そのほとんどは、西暦285年以後ごろ、埋納されたもので、中国と日本との地域差、年代差を考えれば、西暦300年ごろ以後に埋納されたとみるのが穏当である。

そして、その「位至三公鏡」が、わが国においては、北部九州を中心に分布している。

鏡の「埋納年代」を知る重要な鍵「位至三公鏡」

国立歴史民俗博物館の館長であった考古学者で、亡くなった佐原真（1932～2002）は述べている。

「弥生時代の暦年代に関する鍵は北九州地方がにぎっている。北九州地方の中国・朝鮮関連遺物・遺跡によって暦年代をきめるのが常道である。」(「銅鐸と武器形青銅祭器」『三世紀の考古学』中巻、学生社、1981年)

そのとおりである。

奈良県からは、西暦年数に換算できるような年号を記した土器などは、まったく出土していない。

奈良県からは、弥生時代~庄内期の鏡が、福岡県にくらべ、はるかに、わずかしか出土していない。それにもかかわらず、奈良県の土器編年などをもとに、鏡の年代を考えるのは、非常な無理がある。

遺跡の築造年代や、遺物の「埋納年代」の手がかりを欠いたまま、空想をたくましくすれば、なんでもいえる。

亡くなった考古学者の森浩一は、述べている。

「最近は年代が、特に近畿の学者たちの年代が、古いほうに向かって一人歩きしている傾向がある。」（『季刊邪馬台国』53号、1994年）

中国からは出土しない「三角縁神獣鏡」と異なり、「位至三公鏡」などの「いわゆる西晋鏡」は、中国からも、わが国からも、相当数出土する。

そのため、「位至三公鏡」などは、わが国出土の青銅鏡全体についての「埋納年代」を考える上での、重要な手がかりを与えてくれる。

わが国出土の「位至三公鏡」

わが国から出土した「位至三公鏡」（「双頭竜鳳文鏡」をふくむ）35面の出土地などの一覧表は、先出の拙著『邪馬台国は福岡県朝倉市にあった!!』（勉誠出版）に示した。

わが国から出土した「位至三公鏡」については、次のようなことがいえる。

(1) 中国で、おもに西晋時代に行なわれた「位至三公鏡」は、わが国では、福岡県・佐賀県を中心とする北部九州から出土している。奈良県からは、確実な出土例がない。

(2) 「位至三公鏡」よりも、形式的にまえの時代の鏡（雲雷文「長宜子孫」銘内行花文鏡など。

そのなかに、魏代の鏡がふくまれているとみられる）も、北部九州を中心に分布する。

(3) 九州出土の「位至三公鏡」は、弥生時代の遺跡から出土しているものがあるが、九州以外の遺跡から出土した「位至三公鏡」は、まず、古墳時代の遺跡から出土している。九州以外の地の「位至三公鏡」は、九州方面からもたらされた伝世鏡（長い間、埋納されずに伝えられてから古墳に副葬された鏡）か、あるいは、踏みかえし鏡（もとの鏡から型をとって鋳型をつくった鏡）であるにしても、九州よりもややのちの時代に埋納された傾向がみてとれる。

(4) **これらのことから、魏のあとをうけつぐ西晋の西暦３００年ごろまで、鏡の出土分布の中心は一貫して北部九州にあったといえる。**

(5) 「位至三公鏡」よりも、形式的にも、出土状況も、あとの時代の「三角縁神獣鏡」などは、畿内、とくに奈良県を中心に分布する（「位至三公鏡」は、おもに、庄内式土器の時代の遺物として出土し、「三角縁神獣鏡」は、おもに、そのあとの布留式土器の時代の遺物として出土する）。

(6) 「三角縁神獣鏡」は、確実な3世紀の遺跡からの出土例がない。4世紀の遺跡からの出土例がある。

(7) 倭国は、西晋王朝と、外交関係があった。『日本書紀』の「神功皇后紀」に引用されているところによれば、西晋の『起居注』(西晋の皇帝の言行などの記録)に、西暦266年に倭の女王が晋に使いをだしたことが記されている(この倭の女王は、卑弥呼のあとをついだ台与であろうといわれている)。『晋書』にも、この年、倭人が来て入貢したことが記されている(『日本書紀』は、卑弥呼と台与の2人に、神功皇后1人をあてている。これは、比定《ひてい》の誤りとみられている)。

倭の使いが、外交関係にあった西晋の国から鏡をもたらしたとすれば、その鏡の中には、「位至三公鏡」がふくまれていた可能性が大きい。

「位至三公鏡」などのこのような傾向からみれば、西暦300年近くまで、中国と外交関係をもった倭は、北部九州に存在していたようにみえる。

地図2をご覧いただきたい。

地図2は、中国と日本における「位至三公鏡」の出土状況を示したものである。

この地図を、じっと見ると、洛陽に都した西晋(265年~316年)の政権と、北部九州に存在した倭の政権との関係など、さまざまなことを考えさせられる。

地図２　「位至三公鏡」の分布

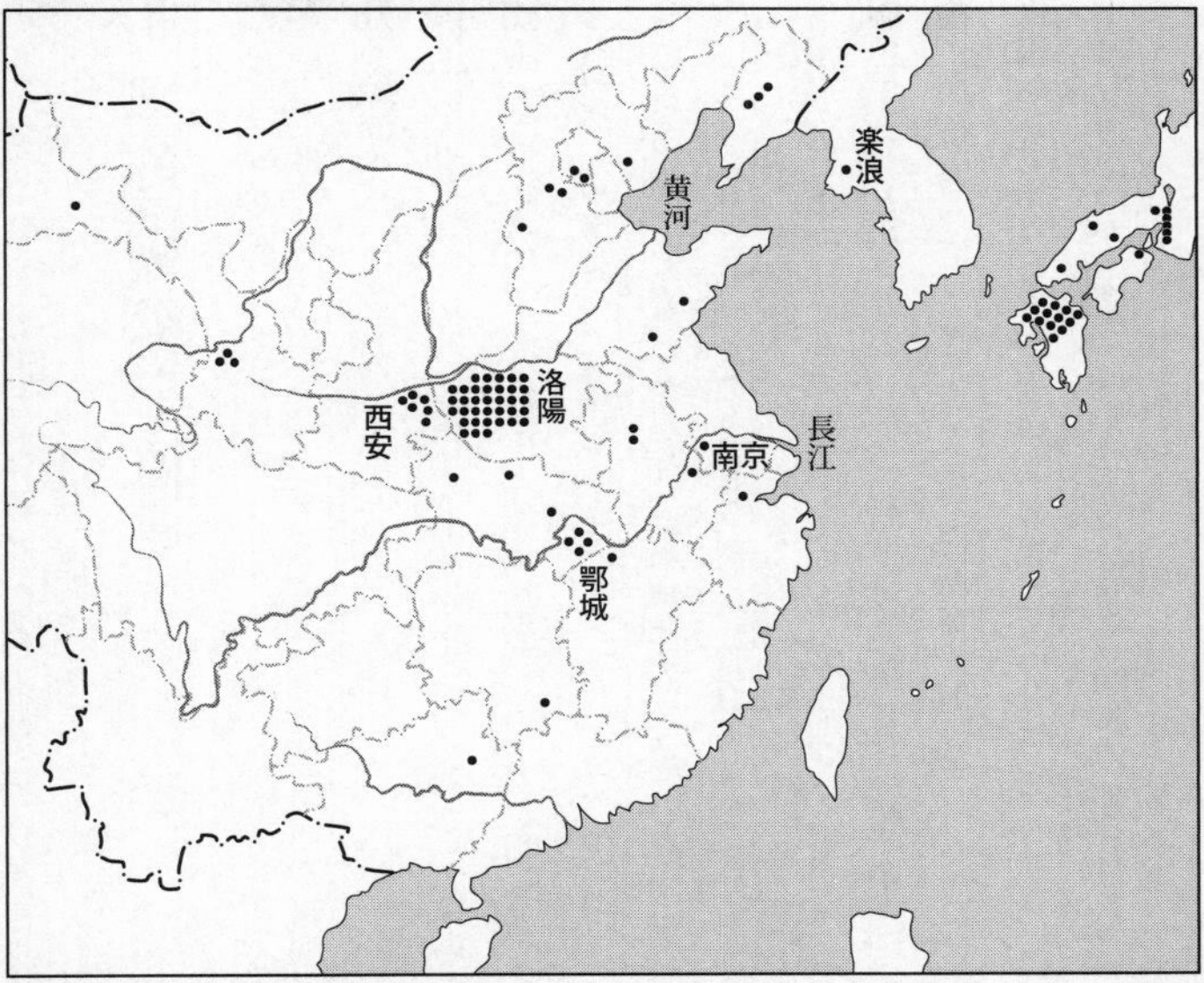

この地図は、西晋時代の状況を示しているとみられる。近畿では、大阪府から５面、京都府から１面出土している。奈良県からは、確実な出土例がない。

3 「三角縁神獣鏡」問題

残る疑問へ

以上によって、ふつうのデータサイエンスでみとめられている水準で、「邪馬台国北部九州説」、とくに、「邪馬台国福岡県説」の「証明」ができたと、私は考える。

それは、おもに、「考古学的データ」によるものである。「邪馬台国＝畿内説」の方々の示しているデータも、かなり使わせていただいた。

そして、それは、次の二重の形での「証明」である。

(A)『魏志倭人伝』に記されている諸事物の県別出土状況への、ベイズ統計学の適用。

(B)「位至三公鏡」など、「いわゆる西晋鏡」が、中国で行なわれていた年代（280年以後）からいって、西晋（265年〜316年）のころまで、中国と交渉をもった倭王権は、北部九州に存在したとみられること。

以上のような結果を出したあとでふりかえれば、(A)は、120、121ページの**表9**をみれば、かならずしも、ベイズの統計学を用いなくても、わかるはずのことである。また、(B)も、データをきちんと整理すれば、得られるはずのことである。

つまり、データサイエンスは、事態を数字で明確に示すためには、きわめて有効なのであるが、(A)(B)は、かならずしも、ベイズの統計学などのデータサイエンスを用いなくても、出すことのできるはずの結論である。この本の「はじめに」で紹介した坂靖氏と関川尚功氏の本は、そのことを述べておられるといえる。

ということは、「邪馬台国＝畿内説」というものが、先入観（思いこみ）優先の「解釈」主義で、無理を重ねていることがわかる。

さらに、以上の「考古学的データ」とは、ほぼ独立に、『魏志倭人伝』『古事記』『日本書紀』など主として、「文献データ」の数理文献学的な分析によっても、「邪馬台国北部九州説」をみちびき出すことができる。このことは、すでに、拙著『邪馬台国は福岡県朝倉市にあった‼』（勉誠出版、２０１９年）において述べた。

これらによって、日本古代史の基本的骨格は再構成可能であり、あとは、いくつかの、やや細部の問題を、「邪馬台国北部九州説」の立場から、どう理解するか、が残されている。

それらの残された諸問題のうち、やや大きな問題に、「三角縁神獣鏡問題」がある。

ものごとを探究するためには確実にいえることは何か、を定め、さらに、そこを橋頭《きょうとう》堡《ほ》（前線基地）として、先の段階に進まなければならない。

邪馬台国は、北部九州にあったことは確実とみたばあい、「三角縁神獣鏡問題」は、どう理解されるか。

「三角縁神獣鏡問題」は、「畿内説」と「九州説」とで、理解のしかたが、かなり異なる。不確かな点が多く、議論を要する代表的な問題と考えられる。

したがって、「三角縁神獣鏡問題」じたいを、議論の出発点としたのでは、議論は紛糾し、水かけ論になってしまう。

邪馬台国は北部九州にあったとした上で議論したとしても、「三角縁神獣鏡問題」についてきちんと議論しようとすれば、それだけで、ゆうに1冊の本ができるほど、論点が多い。

『魏志倭人伝』の中には、「景初二年（三年の誤りとみる説が有力）」「正始元年」などの年号がでてくる。

そして、「三角縁神獣鏡」の中には、「景初三年」「正始元年」などの年号銘のはいっている鏡が、わが国で出土している。

このことからみて、「三角縁神獣鏡こそ、魏の国が卑弥呼に与えた鏡と考えるべきである」とする主張がでてくるのは、はなはだもっともなことである。そして、そこを出発点として、「邪馬台国問題全体」を考えようとする。

それが一群の畿内説の人々の伝統的な考え方のようになっている。

ところが、そのように考えると、次のような、いくつもの疑問が生じる。

(1) そうであれば、中国の魏の時代の遺跡から、「三角縁神獣鏡」が、数多く出土しそうなものである。ところが、中国の魏の時代の魏の領域はおろか、中国全土の、中国の全時代にわたって、確実な発掘によって、中国から「三角縁神獣鏡」が出土した例は1例もない。いっぽう、日本からは、確実な発掘による出土例だけでも(出土地が、不確かなものをのぞいて)、すでに、400面以上出土している(175ページの図29参照)。

彼我の出土状況の違いは、あまりにも、アンバランス、極端である。

(2) 「景初年間」は、景初元年(西暦237年)から、景初三年(239年)まで存続した。ところが、「景初四年」という歴史上存在しない年号銘をもつ鏡(斜縁の盤竜鏡)が、わが国の京都府の福知山市の古墳から出土している。そして、福知山市の古墳から出土した鏡と同型の鏡が、もう一面兵庫県の辰馬考古資料館蔵鏡として存在していることが知られている。中国では、「景初」の年号銘鏡は、出土例がみられない。

中国では1面も出現しないのに、わが国で、2面も「景初四年」銘鏡が出現したことは、一時、大きな問題となった。

2015年になくなった中国を代表する考古学者、王仲殊（中国の社会科学院の考古研究所の所長などであった）は、「三角縁神獣鏡」などは、中国で作られたものではなく、中国の工人が、日本に渡ってきて、日本で作ったものである、とする説をかねて述べてこられた方であった。王仲殊は、「景初四年」銘鏡について述べている。（文章の一部をゴシックにしたのは安本）

「鏡の銘文において『景初四年』という紀年が出てくるはずは無いのである。」

「もはや言わずもがなであるが、広峯一五号墳で出土し、あと一つ辰馬考古資料館の所蔵になる景初四年銘の三角縁盤龍鏡もまた、**陳是（陳氏）が日本でつくったものなのである**。まさに陳是本人は海東の『絶域』にあったので、魏がすでに『正始』の年号に改めていたことを製作の時点では知らなかった。そこで、さきに三角縁神獣鏡をつくった際に銘文の中で使った『景初三年』という紀年の後を受けて、三角縁盤龍鏡では『景初四年』の紀年を記してしまった。――こう考えれば、全てが理解できるのである。」（以上、「日本出土の景初四年銘の三角縁盤龍鏡について」［王仲殊著『三角縁神獣鏡』学生社、1992年］）

写真6　王仲殊（1925～2015）

王仲殊は、かつて、私に、次のようなお手紙をくださったことがある。（ゴシックは安本）

「安本美典先生（中国語の「先生」は、日本語の「様」に近いニュアンス）

您好《ニンハオ》（你好《ニーハオ》［今日は］の丁重表現）！

（二〇一三年の）八月二十一日にお手紙いただきました。

三角縁神獣鏡＝魏鏡説破滅をテーマとする大著を恵贈していただき、ありがとうございます。

二〇世紀の初期に富岡謙蔵が提出した魏鏡説は、これはこれで理解できるものです。

ただし、**二〇世紀の八〇年代以降になると、中国本土およ**

写真７　王仲殊から安本へのお手紙

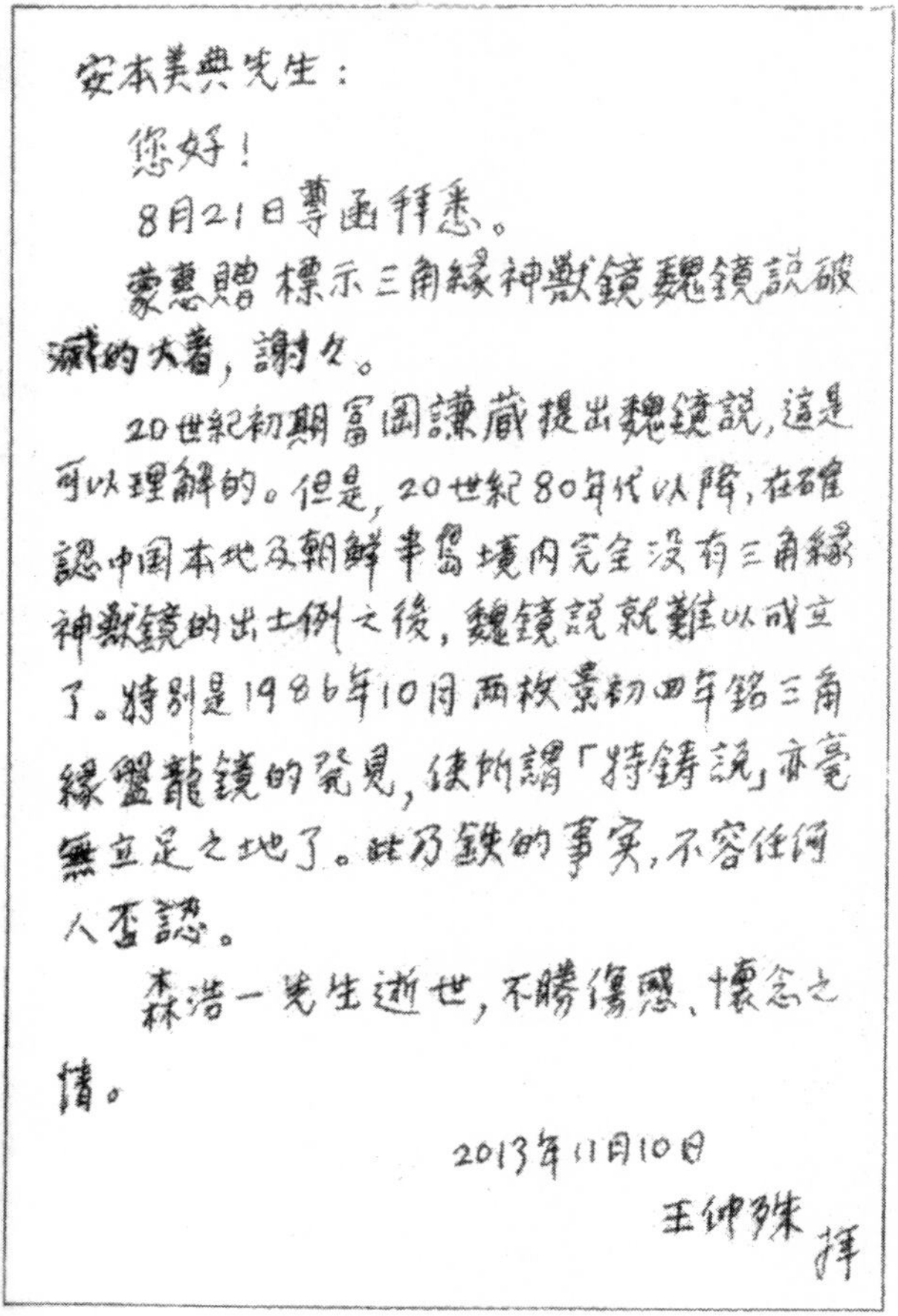
安本美典先生：

您好！

8月21日尊函拜悉。

蒙惠贈 標示三角縁神獣鏡魏鏡説破滅的大著，謝々。

20世紀初期富岡謙蔵提出魏鏡説，這是可以理解的。但是，20世紀80年代以降，在確認中国本地及朝鮮半島境内完全没有三角縁神獣鏡的出土例之後，魏鏡説就難以成立了。特別是1986年10月兩枚景初四年銘三角縁盤龍鏡的発見，使所謂「特鋳説」亦毫無立足之地了。此乃鉄的事実，不容任何人否認。

森浩一先生逝世，不勝傷感、懷念之情。

2013年11月10日

王仲殊 拝

び朝鮮半島の地域内に、三角縁神獣鏡の出土例が完全に存在しないことが、確認されたのち、魏鏡説は、成立がむずかしくなりました。とくに、一九八六年十月に、二面の景初四年銘の三角縁盤龍鏡が発見され、いわゆる『特鋳説』もまた、立足の余地を完全に失いました。これは鉄のように固い事実です。

何人《なんぴと》も、否認することができないことです。

森浩一先生が逝去され、悲しい思いにたえません。なつかしく思うことです。

二〇一三年十一月十日　王仲殊　拝」

(3) 卑弥呼の時代に、洛陽付近で、多量の「三角縁神獣鏡」が作られたのならば、次の西晋の時代に、西晋鏡の「位至三公鏡」などにまじって、「三角縁神獣鏡」がすこしは出土してもよさそうなものである。しかし、そのような事実は、みとめられない。

(4) わが国での「三角縁神獣鏡」の出土状況をみると、「三角縁神獣鏡」は、総じて、「位至三公鏡」よりも、あとの時代の遺跡から出土する。

すなわち、「位至三公鏡」「双頭竜鳳文鏡」など、「いわゆる西晋鏡」は、とくに、北部九州の庄内式土器の時代の遺跡から出土するが、「三角縁神獣鏡」は、そのあとの、布留式土器（古墳時代）の遺跡から、近畿を中心に、大量に出土する。

「三角縁神獣鏡」が卑弥呼の時代に、わが国に与えられたものならば、その時代にあたる弥生時代や、庄内式土器の時代の遺跡から、「三角縁神獣鏡」が出土してもよさそうなものなのに、そのような事実はみとめられない。

(5) 銅にふくまれる鉛の同位体比の分析の結果からは、わが国出土の「三角縁神獣鏡」には、すべて、長江（揚子江）流域産の銅が、原料として用いられている。この点は、「位至三公鏡」など、「いわゆる西晋鏡」と同じである。北中国の洛陽などに、長江流域産の銅が流れこむのは、西暦280年に、呉の国が西晋の国に滅ぼされてから以後と考えられる。

「三角縁神獣鏡」がもし、卑弥呼の時代に、魏の時代に作られたものならば、中国北方の銅原料が用いられそうなものである。ところが、西晋時代の「位至三公鏡」などと同じく、長江流域系の銅原料が用いられている。

ここからは、「三角縁神獣鏡」が作られたのは、280年以後のこととなる。そして、「位至三公鏡」などの「いわゆる西晋鏡」よりも、さらにあとの時代に作られたものであることになる。

銅原料ばかりでなく、「三角縁神獣鏡」の文様も、長江流域系の「画文帯神獣鏡」や「三角縁画像鏡」などに近いものがある。「三角縁神獣鏡」は、「画文帯神獣鏡」と「三角縁画像鏡」の特徴をあわせもつ。中国の考古学者、王仲殊は述べている。

「日本の三角縁神獣鏡は、基本的には、中国の平縁《ひらぶち》神獣鏡を参照してつくられ、同時に中国の三角縁画像鏡をも参照してつくられたものと言えるのです。しかも、中国の平縁神獣鏡と三角縁画像鏡が、ともども呉の鏡であったことからしますと、日本の三角縁神獣鏡と中国の呉鏡との間には、つながりがあった、とりわけ長江下流の会稽郡の呉鏡と密接なつながりがあった、とはっきりと言えると思います。」（王仲殊「日本の三角縁神獣鏡について」［王仲殊ほか著『三角縁神獣鏡の謎』角川書店、1985年］所収）

(6) わが国で出土する鏡に、「三角縁神獣鏡」の仲間の、「三角縁仏獣鏡」がある。「仏像鏡」の一種である。

ところで、「仏像鏡」は、中国の華北からは、まったく出土例がない。長江中流域の鄂城市（湖北省にある。1983年から鄂城県と合わさり鄂州市）付近から何面も出土している。また、わが国出土の「三角縁仏獣鏡」のうち、2面については、鉛同位体比が測定されている。それらを見れば、「三角縁神獣鏡」と同じく、鄂城市付近の銅原料が用いられているとみられる。これは、なぜなのか。(6)は、(5)と関連する問題のようにみえる。

(7) 中国と日本とでは、鏡の使用目的が違う。中国では、死者生前の使用品が、墓にうずめられた（あの世でも使ってもらうためかとみられる）。そのため、中国で出土した鏡は、一般に、あまり大きくない（大きいと重くて、もち運びに不便である）。

また、一つの墓に埋納される鏡は、1、2面がふつうである。

日本では、鏡は、「葬具」として、いわば、花輪的に用いられた。そのために、立派にみえるように、面径のより大きな鏡が埋納されるようになった。また、何人かの人がささげるために、一つの墓に何面もの鏡が埋納されるようになった。そのさい、築造される古墳の近くで、同じ鏡作り師（集団）に、製作を依頼するため、同じ鏡（同笵《どうはん》鏡、同型鏡）が何面も、一つの墓に埋納されることが起きるようになった。

なお、「土師《はじ》」という地名が、仁徳天皇陵古墳や、応神天皇陵古墳の近くにのこっている。土師氏が大量の埴輪を作ったためとみられる。

大阪府は、もちろんのこと、徳島県、鳥取県、岡山県、栃木県、福岡県などの各地に、「土師郷」がある。

鏡も、埴輪などと同じく、死者にささげるべくつくられた。葬儀のためにつくられた。死者の生前の使用物ではない。

奈良県の纒向遺跡やオオヤマト古墳集団の近くには、田原本町《たわらもとちょう》に、鏡作郷《かがみつくりのごう》があり、鏡作《かがみつくり》神社がある。職業部である鏡作部に由来する地名である。

また、滋賀県野洲郡の大岩山古墳からは、三角縁神獣鏡3面のほか、2面の鏡が出土している。大岩山古墳の近くの天王山古墳からも、三角縁神獣鏡1面と画像鏡類の鏡が1面出土している。そして、この近くに、「鏡村」があったことは、『日本書紀』の垂仁天皇の条にみえる。この地には、現在も、「鏡」「鏡山」「鏡口」などの地名があり、「鏡神社」がある。

大阪府茨木市にある前方後円墳、紫金山《しきんざん》古墳は、「4世紀中ごろから後半ごろの築造」（『日本古墳大辞典』東京堂出版）と考えられている。

ここからは、直径35・7センチの、**写真8**のような大鏡が出土している。この鏡は、ま

写真８　紫金山古墳出土の大鏡

わりに、わが国の勾玉がずらりと並べられて刻まれている。だれがみても日本で作られた「倭鏡」である。

この紫金山古墳からは、「三角縁神獣鏡」が10面出土している。

考古学者の森浩一によれば、紫金山古墳出土の三角縁神獣鏡は、鈕の孔が、「全て鋳放《いばな》し（鋳たままで、仕上げをしていないもの）」で、「鈕の孔が全く塞がっているのが」あったという（森浩一「魏鏡と『倭人伝』への認識をぼくが深めていった遍歴」［『季刊邪馬台国』110号、梓書院、2011年］）。

つまり、鈕が、鋳造したままで、中には、鋳物の土が詰まったものがあったというのである。

また、いっしょにでた大型の鏡も、「鈕の孔が鋳放し」であったという。

森浩一は、そこで述べている。

「中国の皇帝などが周辺の国の人、王などに鏡を与えるときは、必ず紐のところにその王の身分を示す色の組紐を通してあります。だから『倭人伝』のところにも、卑弥呼に与えた印は、『金印紫綬』と書いてあるでしょう。金印も同じように紐をつけます。紫色の組紐。紐は腐ってくるから、よく鏡だけ発掘品に並べてあるけれど、組紐というものとセットで、ある意味では組紐のほうがものすごく重要だったですね。紫綬。だから、もしも本当に三角縁神獣鏡というものが魏の皇帝が大量生産で卑弥呼の使いにやった鏡とすれば、紫綬を通すところの、鈕の孔はきれいに造りあげて、そこには何色かの組紐がつけてあってしかるべきなのです。」

森浩一が述べていることと、ほぼ同じ趣旨のことを、奈良県立橿原考古学研究所の所長であった菅谷《すがや》文則《ふみのり》も述べている。

「鏡そのものを見てみますと、三角縁神獣鏡と、いま言われておりますます長宜子孫銘の内行花文鏡でありますとか、それより後の画文帯神獣鏡――三国時代の画文帯神獣鏡でありますが——を見ましても、最大の違いはどこにあるかと申しますと、三角縁神獣鏡の鈕の鋳浚《いさらえ》（安本注　鋳型で鋳た製品の仕上げ加工）が非常に不十分であるということであります。紐と申しますのは、円形の鏡の裏、普通われわれ博物館ではそれを表として見ておるわけですが、鏡の裏に穴があるわけであります。そこに紐なり、リボンなりを通して使用に便利なようにしているわけであります。有名な椿井大塚山からでました多数の三角縁神獣鏡のうちの一面は、鈕の穴がつぶれております。そのつぶれておるのは錆《さび》でつぶれたという見方もできるようなつぶれ方なんでありますが、ともかくつぶれております。

それから鋳張《いばり》（安本注　鋳型の合わせ目などに、溶けた金属が流れこみ、そのまま凝固してできたものなど。製品にとって本来必要ではない。仕上げのさいとりのぞくべきもの）ができるわけですが、私が実見しました三角縁神獣鏡のうち七、八割ほどは鋳浚が完全にされていないわけです。だから、ぎざぎざがあるわけです。非常に極端に申しますと、そこにリボン状の房を通しますとほどなく破れてしまいます。その点、画文帯神獣鏡等々はその鋳浚が非常に丁寧にされておりまして、長期間の使用に耐えるように、言い換えれば日常使用に耐えるようにつくられていると考えてよいわけであります。

その点、三角縁神獣鏡は長期間の使用に耐えることを目的にしているのではないと考えてはどうだろうかと、さきの論文で提言しています。だから、**これはお墓に入れるために日本で独自にでき上がった鏡の一つのジャンルなんではないだろうかと。**その点、中国で長く伝わっております鏡の系譜とは、その鈕の鋳湊という一点だけでもって違うんではないだろうかと。」（奈良県立橿原考古学研究所附属博物館編『三世紀の九州と近畿』［河出書房新社、1986年］）

数理考古学者の新井宏氏（韓国国立慶尚大学校招聘教授など歴任）も述べる。

「三角縁神獣鏡で鈕孔を加工しないまま放置している例の多いことにも通じ、粗製鏡であったことを意味している。これらが共に仿製三角縁神獣鏡と船載三角縁神獣鏡に共通する製法技法であることにも注目する必要がある。」

「最初から『葬式の花輪』のように使い捨てにする認識があったのではなかろうか。そうであれば、わざわざ中国から輸入する必要性はますます少なくなる。」（新井宏氏の論文「鉛同位体比から見た三角縁神獣鏡」［『古代の鏡と東アジア』学生社、2011年刊所収］）

(8)「三角縁神獣鏡」は、わが国で古墳築造時に、その古墳の比較的近くで鋳造されたとみられる根拠が、それぞれ別の人によって、別の根拠によって主張されている。

この(8)の問題は、すこし、説明を必要とする。

そこで、次に、項をわけて説明する。

「三角縁神獣鏡」の、「古墳築造時鋳造説」

「三角縁神獣鏡」は、わが国で古墳築造時に、その古墳の比較的近くで鋳造されたとする見解は、私の知るところ、次の三つである。

(1) 鈴木勉氏の見解
(2) 新井宏氏の見解
(3) 私（安本美典）の見解

まず、(1)の鈴木勉氏の見解は、鏡の鋳造技術面から見た発言である。

奈良県立橿原考古学研究所共同研究員で、工芸文化研究所所長の鈴木勉氏は、その著『三角縁神獣鏡・同笵（型）鏡論の向こうに』（雄山閣、2016年）の中で、次のように述べている。

「三角縁神獣鏡の仕上げ加工痕が、出土古墳によって異なる、つまり、仕上げ加工技術が出土古墳ごとにまとまりを見せる。このことは鏡作りの工人らが出土古墳近くの各地に定住していたか、あるいは移動型の工人集団が各地の政権からの依頼を受けて各地へ赴いて製作にあたったか、を考えることになる。」

「椿井大塚山古墳の『研削』鏡16面は、どれも同じ目の砥石を使って仕上げ加工されたことが分かる。湯迫《ゆば》車塚《くるまづか》古墳の3面の『研削』鏡には同じ細かい目の砥石が使われたことがわかり、佐味田宝塚古墳の3面の『研削』鏡にも同レベルの細かい目の砥石が使われたことが分かる。」

「仕上げ加工の方法は、同笵（型）鏡群よりも、出土古墳によって規定されている。」

三角縁神獣鏡製作の仕上げのさいの加工の技術が、出土古墳ごとにまとまりを見せる、というのである。

つまり、仕上げ加工の方法は、同笵（型）鏡（工場でつくられた製品のように、同じ文様、同じ型式の鏡）でも、出土古墳が異なっていれば違いがあり、同じ古墳から出土した鏡は、異種の鏡でも、同じであるというのである。

また、数理考古学者の新井宏氏は、鏡の原料の銅にふくまれる鉛の同位体比について調べ、鈴木勉氏とまったく違う方法・根拠により、鈴木勉氏とほぼ近い結論を述べておられる（新井宏氏の見解は、『古代の鏡と東アジア』〔学生社、２０１１年〕に収められた論文「鉛同位体比から見た三角縁神獣鏡」に述べられている）。

コピー鏡を作るさいの面径の変化に着目

私も鈴木勉氏や新井宏氏と、ほぼ同じ結論に到っている。ただ、そのような結論を導き出す方法、根拠は両氏とは、また異なる。

私の方法は、鏡のコピー鏡（同笵鏡、同型鏡、踏み返し鏡などといわれるもの）を鋳造するさいに、収縮や、拡大現象がおき、もとの鏡（原鏡、原型など）にくらべ、条件により、コピー鏡の面径が、大きくなったり、小さくなったりすることがあることに着目するものである。

「三角縁神獣鏡」には、コピー鏡が多いが、そして、同一古墳から、コピー鏡が数面出土することがあるが、ある鏡の、同一古墳から出土したコピー鏡では、面径が一致する傾向がみられ、異なる古墳から出土したコピー鏡のあいだでは、古墳ごとに面径が異なる傾向がみられる。このことに着目した議論である。

このような議論については、拙著『「邪馬台国畿内説」を撃破する！』（宝島社新書、宝島社、2001年）や、『大炎上「三角縁神獣鏡＝魏鏡説」』（勉誠出版、2013年）において、データを示し、ややくわしく論じた。

また、このような拙論に対し、京都大学の考古学者のある先生からの批判がみられるが、そのような批判に対する反批判も、『大炎上「三角縁神獣鏡＝魏鏡説」』の中で述べた。

要するに、その京大の先生の批判は、「鏡の面径の単なる測定値の違い（差）」と、「統計学の検定理論における有意差」との区別がわからないまま議論しているもので、統計学のごく初歩的な知識を欠いた議論で、話にならない。

率直にいって、「京都大学の考古学で、この程度か」と思えるものである。

京都大学の伝統

京都大学においては、梅原末治、小林行雄、樋口隆康などの諸氏による鏡の研究についての伝統がある。

しかし、その伝統には、次のような問題点があると、私は思う。

(1) **[目録作成主義の問題点]** 1960〜1970年代にかけて、アメリカの考古学者、ルイス・ビンフォード(Lewis Roberts Binford 1931〜2011)は、「新考古学(ニュー・アーケオロジー new archaeology)」をといた。

ビンフォードはいう。

「従来の考古学は、資料を提供するだけで、科学的な学問とはいいがたい。考古学者は、埋蔵品の目録を作成するよりも、埋蔵品をもとに、古代文化を明らかにすることに、力をそそぐべきである。」(植木武ら訳『過去を探求する』雄山閣、2021年)

どこから、何が出土したかを、正確・詳細に記述し、目録を作成して行けば、おのずから過去が復元できる、ということにはならない。

古代を復元するためには、古代を復元するという明確な目標と、そのための「方法」とを、もたなければならない。

そうでないと、記録することじたいが、目的になってしまう。

あるいは、目録を作成しても、その目録によって、みずからが、あらかじめもっている「仮説」をうらづける「事実」だけを抽出して行くということになってしまう。

多額の費用をかけて発掘し、記録しても、おそろしく主観的な古代史像が、できあがってしまう。

古代史像を、「客観的に」復元するためには、それなりの「方法」が必要である。

(2) 【技術と科学】

精密な発掘、精密な観察記録だけでは、「科学」というよりは、「技術」と呼ぶべきである。

小畑峰太郎著『STAP細胞に群がった悪いヤッら』(新潮社、2014年)という本がある。

この本のなかに、北海道大学名誉教授の武田靖氏の、鋭くも的確な見解が、紹介されている。

武田靖氏は、STAP細胞騒動を、「科学系と技術系という本質的に相容れない二つの集団」「基本的に知識体系の異なる集団」の対抗の観点からみる。

武田靖氏と、小畑峰太郎氏は述べる。

「【武田】そこ（化学工学）では、科学に最も重要な『なぜ？』という内なる問いかけに、答えを見出すことが、ほとんど困難なのだ。その結果、『なぜ？』という問いかけすらしなくなり、ただひたすら実験を繰り返すことになる。（安本注　これと、ひたすら掘って、出てきたものを、正確に記録することを繰り返すことを基本とする考古学とを重ねてみよう。）

おそらく小保方は、そのように学んできたのだろう。つまり、『なぜ？』という問いかけをすることの重要性を学んでいない。

彼女の言い分を聞いていると、そうとしか思えない。実験を繰り返して、二〇〇回も実現できるようになっていれば、どういうパラメーター（媒介変数）の範囲でそれが実現されるかを考えるものだ。科学的な姿勢と発想を持っていれば、『なぜ』そうなのかを、当然考えてしかるべきなのである。

なぜそうなるかを考えていれば、もっと自信を持って説明できるはずなのだ。何も全てを分かる必要はなく、分かることと分からないことが、はっきりしていれば良いのである。」

「【武田】小保方を擁護するとすれば、『技術者』ならば、それでも良いということだ。『なぜ』かが分からないとしても、確実に物が作れれば良いのであるから。（安本注 考古学では、とにかく掘って結果を出せばよい。）」

「【小畑】今、日本の科学の世界では、そうした風潮が蔓延しているように思える。産業に結びつくための技術に偏した科学、あたかも結果を即座に出せるかのような。そこに利権と予算と拙速主義が集中して同居すると、必然的に今回のような捏造事件が起きてしまうのではないか。」

「【武田】科学と技術は、別の文化で、だから科学者と技術者は異なる人種なのだ。」

「【小畑】科学という学問、そして研究は、従事する者に対して、情け容赦ない苛烈な献身を要求する。『それでも地球は回る』と言ったガリレオの時代から、己が身を焼き尽くすような科学への憧憬と献身、自己犠牲が、科学者の栄光を保証し、彼らの名をその歴史に刻んできたのである。時代の変遷の中、科学を忘れた科学者がメイン・ストリームに立つようなことも、たとえ一時はあるにせよ、まかり間違っても、技術者が科学者に成り代わるような世は決して来ないのではないか。それを科学は許さないだろう。

技術者が自らの法《のり》を超えて、『科学者』として、科学の世界に一歩でも足を踏みこんだが最後、僭称者には手酷い復讐が待ち受けている。」

考古学は、基本的に、「技術」であり、邪馬台国の探究は、「科学」の問題なのであろうか。

わが国の考古学は、遺跡を発掘し、遺跡・遺物を記録するということでは、きわめて高い水準に達していることは確かである。しかし、その「技術力」を修練によって高めれば、古代はほんとうに見えてくるのか。

「技術」に力をそそぐあまり、「科学」のほうはおろそかになっているのではないか。従来の方法を発展させて行くという進み方は、限界にきているのではないか。古代史像をつかもうとするばあいに、不正確で恣意的な「解釈」と、大幅な「空想」をともなうようになってきているようにみえる。

(3)

[土俵のきめ方の問題] 日本古代史全体、あるいは、科学全体の中で考えなければならない問題を、「考古学の問題」、その中の「鏡の問題」、そしてその中の「三角縁神獣鏡の問題」というように、土俵をどんどん狭く限定し、その中だけで勝負をきめようとし

ているようにみえる。土俵のきめ方じたいが、客観的合理性をもつようにはみえない。これでは、一人相撲をとることとなる。それで、「勝った。勝った」と、マスコミ報道を熱心に行っているようにみえる。

土俵をせまくし、一人で相撲をとっていれば、負けることはない。

揚子江全体の流れを考えなければならないのに、ある特定の岸辺に立った観察結果だけから流れの方向をきめようとしているようにみえる。他の岸辺に立った観察結果が、無視されている。

河上邦彦氏、石野博信氏、原口正三氏の見解

33枚の三角縁神獣鏡が出土した奈良県の黒塚古墳の発掘の計画者であり、直接の指揮者である奈良県立橿原考古学研究所調査研究部長の河上邦彦氏は「三角縁神獣鏡が『卑弥呼の鏡』などということはありえない」「ヤマト政権が作り出した鏡に違いない」と、『産経新聞』1998年1月16日付朝刊の記事のなかで、明言している。

三角縁神獣鏡は、「葬式に使った葬具」で、「ヤマト政権が、配下の豪族の死にあたって葬具として分け与えたのだろう」と、河上氏はいう。

河上邦彦氏は、『東アジアの古代文化』の1998年春・95号の、「黒塚古墳発掘の意味」という鼎談《ていだん》の中で述べている。

「ここでしっかりと書いておいて欲しい。新聞に書かれた各説がウソばかりだと(笑)。」

そして河上邦彦氏は、冗談のような感じで、三角縁神獣鏡問題を考えるうえで、きわめて重要な意味をもつとみられる発言をしている。

「京大には椿井大塚山古墳の鏡が保管され、その関係者はその鏡を十分見ることができた。三角縁神獣鏡は、重く、大きく、文様がすばらしい。これは舶載鏡だと信じ切ったら、もうそのままで来ている。京大の関係の人たちでどうも舶載鏡説が高いのはそのへんに原因するのではないか。」

京都大学は、近畿にある。かつての王城の地である。近畿を発掘すれば、当然、多くのものが出土する。地の利が与えられている。発言の機会も与えられやすい。

「何年も研究したエライ肩書の専門家が、あれだけ断定的にのべるのだからそうとうな根拠があるのだろう」と、マスコミも、ふつうの人も思ってしまうだろう。しかし、マスコミを通してのPRばかりがあがって、その実体がない。

「邪馬台国＝畿内説」の考古学者、石野博信氏も、98年の『歴史と旅』4月号所載の「〝卑弥呼の鏡〟ではない」の中で、次のように述べている。

「(三角縁神獣鏡は)ヤマト政権が弥生以来の祭式を廃止し、中国鏡をモデルとして、四世紀にヤマトで創作した鏡なのである。」

「平成十年と年が改まって早々の一月九、十日は、橿原考古学研究所と天理市教育委員会によって調査された黒塚古墳出土の三十二面の鏡の報道でもりあがった。その後、一月二十三日に〝鏡の取り上げは終了した〟と報道されるまでの十三日間は、十七、十八日の現地説明会をはさんでマスコミ各社とも黒塚報道が続いた。ある調査員の〝これは(文化現象ではなく)社会現象だ〟というつぶやきは、まさにその通りだと思う。

なぜそうなったのか。三角縁神獣鏡は、倭国の女王卑弥呼が西暦二三九年に魏の皇帝から貰った鏡だ、という学説をマスコミがそのまま信じたからだ。確かに『魏志倭人条』には、他の品々と共に『銅鏡百枚』を賜う、と書いてあるけれども、いま考古学界で三角縁神獣鏡とよんでいる鏡が、これに相当するかどうかはまだ結論が出ていない。それなのに〝邪馬台国の鏡〟〝卑弥呼の鏡〟として、連日大見出しで報道した全マスコミの罪は大きい。たとえ本文で、非中国鏡説があると書いていても、読者は見出しの大きさに圧倒されてしまうし、圧倒しようという意図がまる見えである。

私は、現地で三角縁神獣鏡が二十面をこえたと聞いたときに、これは中国からの輸入鏡ではないと、感じた。なぜか。

「大和《おおやまと》古墳集団には、二十七基の前期前方後円（方）墳がある。そのうち黒塚古墳と同等以上の全長一二〇メートルをこえる古墳が十八基ある。十八基の古墳がすべて三十面の三角縁神獣鏡をもっているとすれば、この地域だけで五百四十面が埋もれていることになる。（「魏志倭人伝」で卑弥呼が賜ったとする）「銅鏡百枚」をはるかにこえてしまう。全長二〇〇メートルをこえる四基の大王墓が、一基で百面をこえる三角縁神獣鏡をもっていたとすればどうなるのか。」

このような単純計算に対して、中国鏡論者は、黒塚古墳や三角縁神獣鏡三十二面が出土した京都府山城町の椿井大塚山《つばいおおつかやま》古墳の被葬者は、鏡配布にかかわる職務を担当していたから多量に保持していたが、他の職務の人はそうとは限らないという。

たまたま調査した二つの古墳被葬者が鏡の配布担当者というのも都合がよすぎる考えだし、両者で六十面以上の『中国鏡』を保持するのは、どう考えても持ちすぎ、隠匿のしすぎである。三角縁神獣鏡は、大王から配布を命ぜられた公器だというのだから。

以上のように、今回の黒塚古墳調査の大きな成果の一つは、三角縁神獣鏡が邪馬台国とはなんら関係ないことが判明した点である。」

石野博信氏は、共著『邪馬台国研究 新たな視点』（朝日新聞社、1996年）の中で、次にまとめられるような見解も述べておられる。

(1) 京都の椿井大塚山古墳は、土器からすると、どうみても4世紀の中ごろから4世紀後半ぐらいのものではないかと思われる。

(2) 椿井大塚山古墳から、三角縁神獣鏡が三十数面出土している。

(3) 3世紀の三角縁神獣鏡が、だれでも認める形ででてこない。3世紀だと考えた三角縁神獣鏡をもつ古墳は、かなり努力して古くしている方のものである。

(4) 椿井古墳の三角縁神獣鏡と同じ型で作った鏡を、いくつかの古墳で分有するようになるのは、4世紀中葉以降であると考えられる。それは、前方後円墳が、東北から九州まで全国的に広まった段階と一致するのではないか。

このように、「三角縁神獣鏡」は、「位至三公鏡」など、「いわゆる西晋(265年〜316年)の鏡」のあとで、中国の東晋(317年〜420年)の国の時代にあたるころに、わが国でのみ出土する鏡なのである。

前掲書『邪馬台国研究 新たな視点』の中で、石野博信氏は述べる。

「あれ(三角縁神獣鏡)を勉強しなくても卑弥呼のことがわかる。後のことなのだからあれは無視していいと考えればいいのではないかと思っている。」

京都大学を卒業した人でも、京大考古学のエスタブリッシュメント(既成勢力)の見解に、したがわない人たちがいる。

そのような考古学者の一人、原口正三《はらぐちしょうぞう》氏は、高槻市教育委員会編『邪馬台国と安満宮山《あまみややま》古墳』(吉川弘文館、1999年)におさめられた「基調報告 三角縁神獣鏡から邪馬台国を解く」の中で述べている。

「要は、三角縁神獣鏡は中国にも朝鮮にも一枚もない。これは皆さん、ひとつ肝に銘じておいていただきたい。」

「卑弥呼がもらった鏡は二〇センチを超えるようなものではなくて、直径十数センチまでの小さいものだった。三角縁神獣鏡は、その後、それをモデルにして大量生産をした。そうでなければ、同じ地域で十回も順番をつけて同じ鋳型からつくるという追いかけ鋳型は、製作地でないと出てきません。」

「梅原末治先生は、富岡謙蔵《とみおかけんぞう》さんの後を受けて鏡の研究をされた方ですが、先生の書かれた本を読むと、大正時代から昭和十五年ぐらいまで、全国の鏡の集成をやったり枚数をそろえたりされています。そのころから、ほかの鏡に比べて三角縁神獣鏡はとびきり枚数が多いわけです。現在、朝から晩まで全国で各自治体にいる職員が血眼になって調査をしていますから、ますます鏡の枚数は増えるだろうと思います。それを、**あくまであれは魏でつくったのだと言い張っているのは、もう信仰にも近い考え方だろうと思います。**」

以上を要するに、「邪馬台国畿内説」は「宣伝」があって、「証明」がない。あるいは、そこで取られている方法が、「証明」になるということじたいの「証明」がない。「証明」ということばについてのメタ説明が必要である。

なにが「証明」になるのか、不明なままでは、「証明」は、できないではないか。

京都大学の考古学では、どうも、梅原末治、小林行雄、樋口隆康諸氏の流れをくむ人しか、京都大学の先生になれないようである。多様性が失われているようにみえる。

今後、「邪馬台国問題」を解決するためには、「京大考古学の体質問題」を検討する必要がでてくるであろう。

先生や先輩たちの語っていることが正しいのではない。本来、「過去」じしんの語っていることが正しいのだ。

原理主義者、ルターは述べた。「聖書にかえれ」と。それにならっていえば、「過去じしんにかえれ」ということになる。

牧師は、キリストの教えにかえる方法を教えてくれなければならない。先生や先輩は、「過去」が語ることにかえる方法を教えてくれなければならない。

私たちは、ともすれば、誰かの語ることにしたがう「属人主義」になりやすい。

以上によって、「邪馬台国問題」が、なぜ解けないのか、その理由がおわかりいただけたであろうか。

私も、京大卒業生の一人として、この章の最後に、一言記そう。

「ねえ、君たち、巨大な迷路を掘っているよ！」

補章

「年号鏡」と「仏像鏡」の問題

素朴な判断が正しいとはかぎらない

「年号鏡」の問題

信頼できるデータを集積する「技術」と、それを分析し、推論を行なう「データサイエンス」とは、本来、協力し、あいおぎないあうべきものである。

それが、ややもすれば、すれちがい、敵対的論争の形となってしまう現状は、残念なことである。

さて、「邪馬台国北部九州説」が成立することを、データサイエンスによって、「証明」するというのが、この本の趣旨であった。

これまでの章では、その趣旨にそう形で文章を進めてきた。この補章では、おもに、「年号鏡」の問題と、「仏像鏡」の問題とをとりあげ、これまでの説明をご理解していただくためのご参考となるかと思われることを記してみよう。

この章の説明は、「証明」をはぶいた結論や、「証明」というよりも、「このようなことも考えられるのではないか」というような、なお「仮説」段階にある説明や、イメージ的な説明などをふくむ。

ある鏡のコピー鏡、孫コピー鏡、ひ孫コピー鏡などが、多数製作されているとすれば、鏡に、たとえば、「景初三年」という銘があったとしても、その鏡は、「景初三年」に鋳造されたとは、かぎらないことになる。「もとの鏡」と、「ひ孫コピー鏡」とは、鋳造時期が異なると考えられるからである。

げんに、わが国出土の島根県雲南市・神原神社古墳《かんばらじんじゃ》出土の「景初三年」銘鏡と、大阪府和泉市・和泉黄金塚古墳《いずみこがねづか》出土の「景初三年」銘鏡との銘文を比較すると、和泉黄金塚古墳出土の「景初三年」銘鏡の銘文は、神原神社古墳出土の「景初三年」銘鏡の銘文の文字を、文章の意味を理解せずに、ひろい取って並べた形をしている。文章としては、意味の通じないものとなっている。

あるいは、「文字」を、「文様」のようなものとみたのであろうか。

この二つの「景初三年」銘鏡は、鋳造の時期が異なるとみられる。そして、神原神社古墳出土の鏡が、一番もとの鏡であるという保証も、またない。別の鏡のコピー鏡である可能性もある。

このようにみてくると、鏡の「鋳造年代」は、その鏡の「埋葬年代」にくらべ、情報がすくないとみられる。したがって、「鏡の年代」は、基本的に、「埋葬年代」によって考察したほうがよいとみられる。

ちなみに、『日本古墳大辞典』（東京堂出版）を引くと、神原神社古墳の築造推定年代は記されていないが、和泉黄金塚古墳のほうは、「4世紀末から5世紀初頭ごろの築造と考えられる。」とある。景初三年（239年）からは、100年以上のへだたりがある。わが国出土の「年号鏡」（年号のはいった鏡）のうち、出土古墳の築造推定年代が、『日本古墳大辞典』に記されているものが、8例みられるが、それらは、**すべて、「4世紀中葉ごろ」から、「5世紀中葉」のものである。**これまでに述べてきた「三角縁神獣鏡」全体の推定埋納年代と一致する。

中国を代表する考古学者であった王仲殊は、「三角縁神獣鏡」は、中国の呉（222年～280年）の工人が、日本へ来て製作したものと考えた。

いっぽう、わが国の考古学者、森浩一は、「呉の工人とは限らず、「江南系の鏡作り工人の渡来」によって製作されたと推定される鏡であるとする。

森浩一は述べている。

「弥生時代が終わって、前方後円墳が西日本のみならず東日本でも突如として造営される古墳時代になると、〝謎の鏡〟といわれる三角縁神獣鏡《さんかくぶちしんじゅうきょう》が大流行した。謎といわれる理由は、日本の古墳に大量に出土するにもかかわらず、一部の学者が中国製、それも魏の鏡だという仮説を立て、中国に出土しないという事実を、考古学資料によってではなく言葉の操作でカバーしようとしているという点にある。だが、考古学の方法に徹すれば謎はどこにもなく、**江南系の鏡作り工人の渡来によって**、さらに弥生時代の発達していた青銅器生産の技術をも取り入れ、おそらく近畿地方が生産の中心になって大量に製作されたと推定される鏡である。この鏡は直径が二二センチ前後で、同時代の中国の尺寸に直せば、ほぼ九寸の大型鏡である。」(『日本神話の考古学』朝日新聞社、1993年)

私も、「三角縁神獣鏡」は、中国の東晋(317年〜420年、江南の建康[南京]に都をおいた)の工人が日本に来て製作した可能性や、東晋の工人の指導をうけた日本の鏡作り師が製作した可能性も、考慮にいれたほうがよいと考える。そのように考える理由は、以下のとおりである。

(1) 「三角縁神獣鏡」のほとんどは、中国の東晋時代にあたるころの、わが国の古墳時代(布留式土器の時代)の、前方後円墳などから出土している。

(2) 「三角縁神獣鏡」の銅原料としては、長江流域の銅が用いられている(鉛同位体比の測定分析による)。

「三角縁神獣鏡」を魏から与えられた鏡であると主張する人たちは、なぜ魏の鏡に、敵国だった呉の領域の銅原料が用いられているのかを、説明しなければならない。

これは、いわゆる「魏鏡説」がもつ大きな矛盾点の一つである。

東晋の時代の都は、建康(南京)であった。長江流域の地である。

西晋時代の「位至三公鏡」などの、わが国での埋納年代が、320年~350年ごろとみられるから、「三角縁神獣鏡」のわが国での埋納年代は、そのあとの350年~400年ごろ、すなわち4世紀が中心とみられ、これは、東晋の時代である。

(3) 東晋時代の中国では戦乱などのために、鏡製造業は、不振であったとみられる。この時代の中国での鏡の出土数は、前後の時代にくらべてすくない。技術と原料とをもった東晋の工人たちは、生活のために、埋葬用の鏡の需要の大きかった日本へ来た可能性がある。

日本と東晋とは、国交があった。

『南史』の「倭国伝」に、「晋(東晋)の安帝(396年~418年在位)のとき、倭王讃があった。使いを遣わして、朝貢した」とある、など。

(4)日本へ来た東晋の工人は、『魏志倭人伝』を読んでいた可能性がある。

朝鮮の歴史書『三国史記』の「新羅本紀」の真徳王二年（648年）三月の記事に、新しく撰修された『晋書』を、唐の太宗が、新羅からの使者に与えた話がのっている（『晋書』については、644年ごろ成立説、646年成立説、648年成立説などがある）。太宗が『晋書』を与えた話は、『旧唐書《くとうじょ》』や『新唐書《しんとうじょ》』にものっている。

『魏志倭人伝』のおさめられている『三国志』の成立の時期は、西暦284年前後とみられている。東晋の工人がわが国へ来たのが、350年前後とすれば、『三国志』の成立から、およそ70年後である。東晋の工人が、『魏志倭人伝』を目にしていた可能性は、かなりあるようにみえる。

さらに、次のような事実がある。

1965年に西域《せいいき》の吐魯番《トルファン》で、『三国志』の一部80行が発見された。西晋（265年～316年）時代のもので、紙に墨で書かれたものである。内容は、『呉志』の「孫権伝」の一部であった（中国の研究誌『文物』1972年第8期による）。

『三国志』の成立は、284年ごろであるから、成立後30年ほどのちまでには、西域にまでもたらされていたことがわかる。

吐魯番からすこし東の現代の鄯善《ぜんぜん》から《(ピチャン)》も『三国志』の一部が出土している。西晋の陳寿の編纂した『三国志』の原文に近いとみられている。

東晋の工人たちが、わが国へ来て、わが国での需要にあわせて「三角縁神獣鏡」を製作したものとしよう。すると、

(1) 東晋の都の建康(南京)から西域の吐魯番までの距離に比べれば、建康からわが国の奈良県までの距離は、ずっと近い。直線距離では半分を少し超える程度である。

(2) 西晋の時代(265年~316年)のうちに、『三国志』の一部が吐魯番までとどいているとすれば、東晋の時代(317年~420年)までに『三国志』がわが国にとどいていることは、十分ありうることのようにみえる。

(3) 東晋の工人たちが日本に来たとすれば、当時の晋の国においての、日本に関する公的な基本情報の代表的なものといえる『三国志』の『魏志倭人伝』に目を通していた可能性は十分に考えられる。

『三国志』などの史書は、案外早くから遠くまでもたらされているようである。

そして、東晋の工人は、『魏志倭人伝』にみえる「其《そ》の四年」(これは、正始四年=西暦

243年をさす）を、「景初四年」の意味に読みまちがえた可能性がある。

というのは、次のような例があるのである。

ずっと後の話であるが、清の時代に、康熙帝《こうきてい》の勅撰で1711年に成立した『類書（百科全書）』に、『佩文韻府《はいぶんいんぷ》』がある。その中に、本来存在しない年号の「景初四年」が、2度でてくる。一つは、さきの『魏志倭人伝』の「其の四年」を、読みまちがえたものである。いま一つは、『晋書』の「天文志」の文を読みまちがえたものである。『晋書』の「天文志」がまた、いかにも、「景初四年」のことと読みまちがえても、仕方がないような書き方をしているのである。

このようなことについては、奈良県立橿原考古学研究所の入倉徳裕《いりくらのりひろ》氏のくわしい考察「『晋書』に「景初四年」は存在しない」（『季刊邪馬台国』108号、2011年）、および、「『佩文韻府』の景初四年について」（『季刊邪馬台国』111号、同年）がある。

『佩文韻府』は、勅撰の類書である。そうとうていねいに、校正が行なわれたはずである。それでも、誤りがおき、「景初四年」が、2度でてくるのである。

例がある、ということは、わが国出土の年号鏡にみえる「景初四年」もまたそうであろうという「証拠」にはもちろんならない。しかし、「畿内説」の「専門家」の論考においては、類似の事例もあげない断言が、かなりみうけられる。

たとえば、中国で確実な出土例が1面もない種類の鏡の「三角縁神獣鏡」が、わが国で400面以上出土するのは、中国で、わが国のために、特別に鋳造したからである、と主張する(「特鋳説」)。そのように主張するならば、せめて、他にも、中国で特別に作られて、他の国にとくに輸出されたもので、他の国からは、何百例も出土がみられるが、中国からは、まったく出土例がみられないような「事例」を、(できれば鏡の類で)あげてみていただきたい。

720年に成立した『日本書紀』には、『魏志倭人伝』からの引用文がのっている。「仏像鏡」は、中国の華北からは出土例がない。長江流域からは、何面も出土している。また、「年号の入った鏡」は、長江流域からは、40面以上出土しているが、北中国からは、その10分の1程度の出土である。

これらも、東晋の工人のもたらした文化と考えれば、説明がつく。

前方後円墳のはじまりの年代

前方後円墳のはじまりの年代については、いろいろな議論があるが、データにもとづかない「思考実験」にすぎないようなものや、誤差の幅の広い炭素14年代測定値の中から、自らがあらかじめ持っている年代を取り出すといったようなものがある。同じ方法を用いて別の年代を取り出すこともできる。

私は以下のように考える。

「いわゆる西晋鏡」がわが国で埋納されたのは、おもに、中国に西晋（265年～316年）が存在した時期か、日本にもたらされて埋納されるまでの時間差を考えれば、西晋の存在した時期の少しあとと思われる。

それまでは、「いわゆる西晋鏡」は、北部九州を中心に存在していたのである。

したがって、「第Ⅱ次大激変」で、鏡埋納の中心の移動が生じたのは、さらにそのあとで、320年～350年ごろと考えられる。

この時期を境にして、鏡の地域的分布の中心が福岡県から奈良県へと動く。

この「大激変」の起きる以前が、大略、わが国で西晋鏡の行われた時期である。西晋鏡の行われた時期は、中国で「位至三公鏡」とともに出土しているいくつかの墓誌に記されている年代でわかる。この年代が、基準となりうる。そして、わが国で、「いわゆる西晋鏡」の行われた時期は、大略、庄内式土器の時代である。

「大激変」がおきてからあとの時代が、布留式土器の時代である。この時代はまた、前方後円墳（前期）の行なわれた時代である。

これらのことから、前方後円墳の時期は、すでに森浩一、関川尚功氏などの述べるように、西暦350年前後とみられる。

前方後円墳のはじまりの年代を、卑弥呼の時代、西暦250年ごろまで、さかのぼる見解がある。このような見解は「思考実験」といえる、

そのように年代をさかのぼらせると、説明を要するさまざまな問題が生じる。

たとえば、『魏志倭人伝』には、倭人の墓制について、「棺あって槨《かく》なし」とある。槨は棺の外ばこである。『三国志』よりのちの時代の『隋書』の『倭国伝』には、倭人の墓制について「棺槨あり」と記す。槨があるのは、のちの時代の墓制である。

弥生時代の土器を使った甕棺《かめかん》や、庄内式時代の箱式石棺は、「棺あって槨なし」に当てはまる。

奈良県のホケノ山古墳には、「木槨」があり、前方後円墳には、「石槨」といえるもの（竪穴式石室）がある。『魏志倭人伝』の記述とあわない。

ホケノ山古墳は、庄内式土器の時代と、布留式土器の時代との境ごろの墳墓とみられて

いる。

ホケノ山古墳からは、「画文帯神獣鏡」が出土している。わが国の「画文帯神獣鏡」と「三角縁神獣鏡」とで、鏡にふくまれている鉛同位体比の測定されているものは、すべて用いられている銅原料が、魏と敵対していた呉の領域である長江流域系の銅であることがわかっている。なぜ、北中国の魏から与えられた鏡に、呉の領域産出の銅が用いられるのか(これらは、のちの時代に、南京に都した東晋から来た銅の可能性が大きい)。

かつ、ホケノ山古墳についての最終報告書『ホケノ山古墳の研究』(奈良県立橿原考古学研究所編集・発行、2008年)にのせられている炭素14年代測定法による測定結果では、木槨から出土した小枝を試料として用い、350年ごろを中心とするような、4世紀の年代が示されている。

さらに、天皇陵古墳においてほぼ確実に前方後円墳といえるものは、第十代崇神天皇陵古墳からである。天皇の平均在位年代は、古代にさかのぼるほど短くなり、「奈良7代70年」といわれるように、奈良時代のころまでの史料として確実な諸天皇の平均在位年数は約10年である。

「魏」「西晋」「東晋」の三つの国は、古代の「倭」と国交があった。そして、この連続する「魏」「西晋」「東晋」の三つの王朝を合計した総存続期間は、ジャスト200年間である。そして、この総存続期間のあいだに、全部で、ジャスト20人が皇帝になっている。皇帝一代の平均在位年数は、ジャスト10年である。

中国の史書『宋書』に登場する倭王武とされる第二十一代雄略天皇が、宋へ使いを出したのは、478年である。1代平均10年として、雄略天皇から十一代さかのぼった崇神天皇の活躍年代は、大略368年ごろと推定される。

ホケノ山古墳の築造年代の350年のすこしあとで、大略年代はあっている。

前方後円墳の発生年代を古くさかのぼらせる説は、自説にとって不都合なデータをすべて無視し、マスコミで発表できれば、自説が正しくなるように考えているようである。

このようなことについては、拙著『邪馬台国は99・9%福岡県にあった』(勉誠出版)で、ややくわしく述べた。

機械的《メカニカル》な測定結果の、「機械的な発表」ではなく、人間的な「解釈」を交えた発表が、考古学の分野では、きわめて多いのである。

世界基準の考古学と、日本の考古学とは異なる

天皇の1代の在位年数を10年とみて、『古事記』『日本書紀』の伝える古代の天皇などの系譜に一応もとづき、歴史時代にはいる以前の天皇などの活躍年代を推定すると、神武天皇より5代前の天照大御神《あまてらすおおみかみ》の時代が、卑弥呼の時代と重なる。

卑弥呼のことなどが、おぼろげな神話の形で伝えられた可能性が生ずる。このようなことについては、拙著『日本の建国』(勉誠出版、2020年)などの中で述べた。

天照大御神などというと、『古事記』『日本書紀』などには、ほとんど目を通さないまま、「神話と歴史を混同しているのはダメだ」と頭から拒否してしまう考古学者が、すくなくない。

しかし、ここで、世界基準の「考古学」と、日本で主流となっている「考古学」とは、異質のものであることに触れておきたい。

現在の世界で基準となっている考古学は、ギリシャ、ローマの考古学や聖書の考古学などが母体になったものである。その考古学は、神話伝承といったものにみちびかれて成立したものであった。このことを忘れてはならない。

このことは、たとえば、『世界考古学事典 上』(平凡社)で、「シュリーマン」の項を引くと、次のように記されているとおりである。

「(シュリーマンは、)ホメロスの世界は虚構ではなく、実在したことを明らかにした。彼の研究が契機となって、それまで別々の学問とされていた先史学と古典考古学とは、考古学という一つの学問体系に統一される機運が生じた。」

『沈黙の世界史3ギリシア 英雄伝説を掘る』(新潮社、1969年)の著者で、C・W・ツェーラムの名著『神・墓・学者』(中央公論社)の訳者、エーゲ文明の研究者であった村田数之亮《かずのすけ》(大阪大学教授など)は、かつて拙著を贈呈したさいにお手紙を下さり、その中で、次のように述べている。

「なぜ、わが国では、伝承がすべて虚構だとしりぞけられるのかと、ギリシアのばあいとくらべて、その拒否反応というか潔癖というか、そんなものの強さが、私には異常なような気がしております。ギリシアのばあいとは、伝承の成立が異なるにしてもなぜ伝承のなかになにか真なるものを探ろうとする態度が認められないのかと、日ごろ感じておりました」

文献的情報を捨て去れば、制限条件がすくなくなるので、いわば、「なんでも言える」余地が大きくなる。かくて、文献的情報よりも、現代の考古学者の主観的解釈のほうを重んじ、新たな現代人製作の神話が成立する。

つまり、現在のわが国の考古学は、シュリーマン登場以前の19世紀の考古学、文献批判学の水準にある。方法論的にも、1920年代以後のデータサイエンスの急速な発展などを無視するものである。これは学問や科学の進展のいちじるしい時代に、驚くべきことのように思える。

同志社大学の名誉教授であった考古学者の森浩一は述べている。

「後藤（守一）先生は『三種の神器の考古学的検討』という論文を雑誌『アントロポス』に発表し、翌年には『日本古代史の考古学的検討』（山岡書店）という冊子風の単行本にその論文を収めた。先生の知識の豊かな事や自由な発想に、当時十八歳の僕は驚嘆した。もちろん先生の勇気にも感心した。

僕は考古学だけでは歴史にせまれないことを、この本によってさらに痛感した。神話

をも含め『古事記』や『日本書紀』からも信頼できる文献資料を見いだし、考古学資料と総合した時に初めて本当の歴史は描ける。」（森浩一著『森浩一の考古交友録』朝日新聞出版、2013年）。

古典における鏡の鋳造伝承

4世紀中ごろから後半ごろの人とみられる崇神、垂仁、景行の諸天皇に関する古典の記事の中に、鏡の製作に関連した記事を、しばしば見出しうる。たとえば、崇神天皇の時代に、天皇は宮中にまつられている鏡「八咫《やた》の鏡」から、心理的プレッシャーをうける。その神威をおそれて、（模造の）鏡を鋳造させた、など。

『古語拾遺』「崇神天皇」の段に、次のようにある。

「斎部氏《いんべし》をして、石凝姥《いしこりどめ》の神《かみ》の後裔《こうえい》と、天《あめ》の目一箇《まひとつ》の神《かみ》の後裔との二氏をひきいて、鏡を鋳造させた。」（『古語拾遺』は、鏡をあつかった斎部氏の伝承をまとめたもの）

天照大御神から伝えられ、宮中にあった「八咫の鏡」は、伊勢に祭られることになる。

皇位の標識《レガリア》の、三種の神器の一つとして、即位のさいなどに用いられる八咫の鏡は、別に作られたのである。

伊勢の皇大神宮《こうたいじんぐう》（内宮《ないくう》）の創建については、『古事記』の「垂仁天皇記」に、「（垂仁天皇皇女の）倭比売命《やまとひめのみこと》が、伊勢の大神《おおかみ》の宮を祭った」という記事があり、『日本書紀』の「垂仁天皇紀」の二十五年三月の条に、倭姫命《やまとひめのみこと》の内宮創建の話がのっている。

奈良県の田原本町にある「鏡作坐天照御魂神社《かがみつくりにますあまてるみたまじんじゃ》」＝先出の鏡作神社＝の「神宝」とされているものが、「三角縁神獣鏡」である。『磯城郡誌』に、「伝え言ふ」として、「崇神天皇の時代に、この神社の地で、日御《ひのみ》象《かた》の鏡（八咫の鏡）を改鋳し、それを、皇居の内侍所《ないしどころ》（八咫の鏡を安置するところ）の神鏡とした」という話がのっている。

「神宝」の「三角縁神獣鏡」は、内区（内がわの部分）だけである。これは森浩一などの述べるように、鏡製作の原型（鋳型のもとになる型）である可能性がある（森浩一「古墳出土の小型内行花文鏡の再吟味」橿原考古学研究所編『日本古文化論攷』吉川弘文館、１９７０年所収）。つまり、崇神天皇のころに、鏡作神社の地で、「三角縁神獣鏡」を作っていたようにもみえる。

私は、邪馬台国の勢力が北部九州から奈良盆地に移動したという「邪馬台国東遷説」の立場に立ち、邪馬台国と大和朝廷とは、連続性があったのであろうと考える。

「親魏倭王」の印綬《いんじゅ》を与えられ、中国の皇帝によって権威化《オーソライズド》された邪馬台国は、倭人の諸国の中で、一段とぬきんでた存在となり、それが、日本を統一する原勢力になったと見るのは、流れとしては、他の説よりも、可能性が大きいようにみえる。

さきのような年代論にたつとき、卑弥呼時代の邪馬台国と、崇神天皇の時代との年代差は、せいぜい百数十年である。祖先の功業についての記憶や語り伝えは、大和朝廷の内部に、なお残っていた可能性がある。

東晋の工人たちが、『魏志倭人伝』などを、わが国にもたらしたとすれば、その中にある「年号」を鏡の中に入れれば、新機軸のデザインとして、評判を呼ぶことになったであろう。あおぎみる過去の空に照り輝く、祖先の功業の年を、鏡に記銘することになるからである。

東晋の工人たちは、ふるさとの中国においては、日常使用の化粧用の鏡を製作していたのである。それが日本に来て、葬送用の花輪的な意味をもつ鏡を作ったとすれば、製作の目的が異なる。目的、需要にあわせて、鏡の形式が、あるていど変化するのは、当然である。大きさも、相対的に、大きなものとなる。

「年号」をいれた鏡や、「仏像」をいれた鏡などは、新形式の鏡として、多くの注文を受けることになったことが考えられる。

鏡は明器《めいき》（墳墓の中に埋められるために、特別に製作されたもの）の一種とみられる。現代の葬儀に飾られる花輪に近いもののようにみられるが、それが、埴輪などのように、墓の外に飾られることはなく、墓に埋納されたのは、なぜであろうか。

それは、以下のような理由によるとみられる。

『古事記』に次のような話がのっている。

天孫邇邇芸命《ににぎのみこと》が、南九州に降るさいに、天照大御神は、八尺《やあた》の鏡《かがみ》を与えている。そして述べる。

「この鏡を、私の魂だとして、祭りなさい」

この鏡は、現在、伊勢神宮に、天照大御神の「御霊代《みたましろ》」として祭られている。

つまり、鏡は、「魂の代り《たましい》」になりうるのである。

殉死《じゅんし》ではないけれども、送る人（祀《まつ》る人）の「魂の代り」となって、行く人（亡き人）につきしたがって行く、という意味があったとみられる。

一つの墳墓に、何面、何十面もの鏡が埋納されていることがあるのは、これによって説明がつく。死者生前の日用品を埋納したものではない。

「三角縁神獣鏡」などの鏡の精粗によって、中国鏡か、倭製鏡かをわける議論がある。つまり、文様などが巧みですぐれている「精製鏡」は、中国からの輸入鏡であって、「粗製鏡」は、わが国で作られたものである、という議論である。

しかし、わが国では、「三角縁神獣鏡」が行なわれる前の時代に、すでに、かなり程度の高い技術にもとづく銅鐸などが作られている。

銅鐸などをみれば同笵品を作る習慣や技術が、すでに存在している。これは、鏡において、同笵品や同型品が作られていることと、つながるようにみえる。どちらも、わが国では、実用からはなれた銅製品のようにみえる（中国で出土する鏡は、小形で、鏡奩《きょうれん》〔鏡を入れておく箱〕とともに出土することもある。基本的に死者生前の使用物であったとみられる）。

江南からきた工人たちの指導をうけ、わが国の工人たちの製作技術が、あっという間に向上したことも考えられる。

のちの時代の話ではあるが、わが国では、1543年ごろ、種子島に鉄砲が伝えられると、その30年ほどのちの1575年の長篠《ながしの》の戦いでは、織田信長が、3000丁の鉄砲をととのえ、武田勝頼軍を撃破している。

適切な指導者が得られれば、輸入品と変らぬていどの、優良な鏡をわが国の工人が、作ることができるようになることは、それほどむずかしいこととは思えない。

「仏像鏡」の問題

「年号鏡」問題を考えるさいの、重要な情報を、「仏像鏡」がもたらしている。

わが国に、仏教が伝わったのは、西暦六世紀の前半か中ごろとされている（仏教公伝の年［日本の為政者に伝わった年］は、538年とする説と552年とする説とが有力）。

ところが、わが国では、それより以前の四世紀代の古墳から、仏像の文様のはいった「三角縁仏獣鏡」や「画文帯仏獣鏡」などが、何面も出土している。

仏像の文様のはいった鏡については、次のようなことがいえる。

(1)「仏像の文様のはいった鏡（仏像鏡）」の出土例は、私の調査の範囲では、中国で6例、日本で18面存在する（「中国出土」「日本出土」と推定されるものを含む）。合計で、24面である。日本からの出土例のほうが、中国からの出土例よりも3倍ていど多い。

(2)中国の「仏像鏡」は、すべて、長江（揚子江）中流域の湖北省鄂州市付近から出土している。三国時代の「呉」の国の領域、あるいは、東晋の国の領域から出土している。

写真９　出土鏡にみられる「仏像の文様」

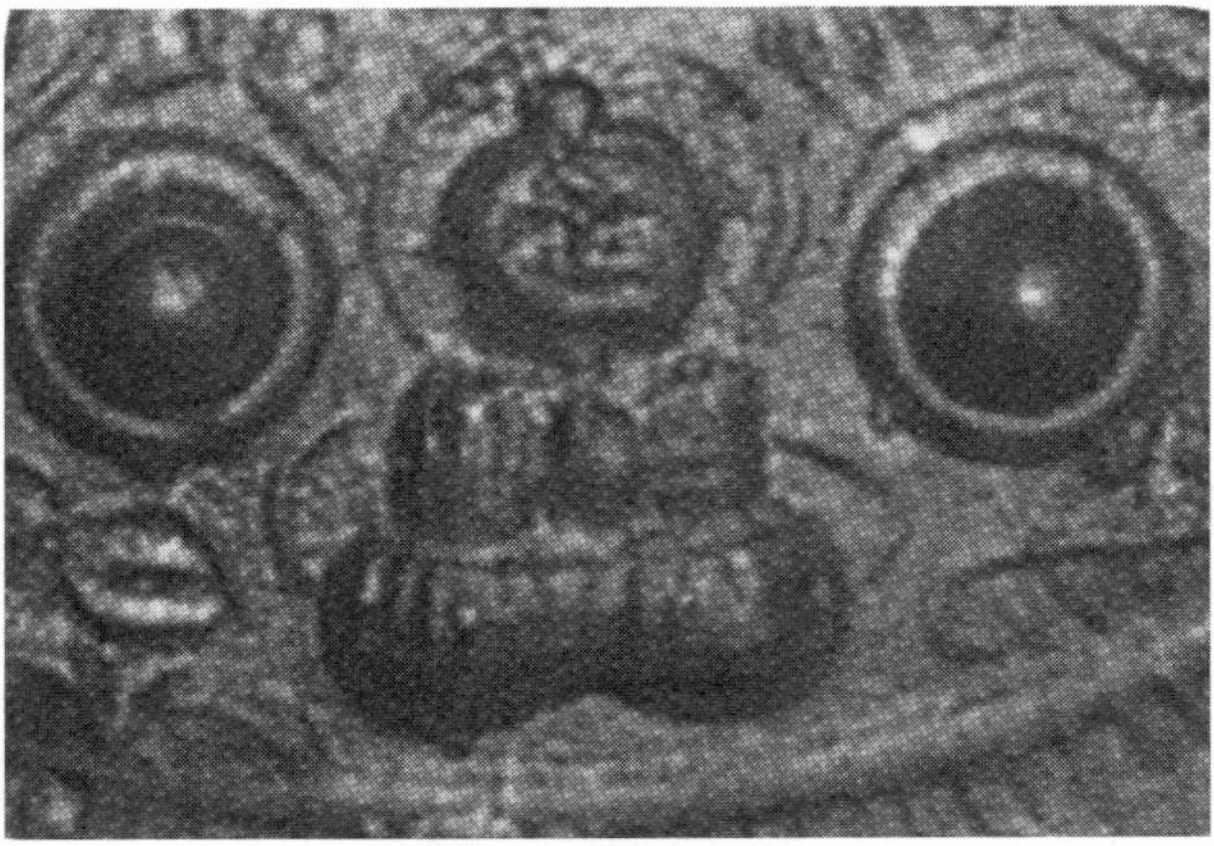

写真９は、中国湖北省鄂州市西晋墓から出土した「八乳八仏鏡」のもの。
この鏡の直径は10センチ。中国でこれまで出土した「仏像鏡」の直径は、すべて20センチ未満。日本出土の「仏像鏡」の直径は、すべて、20センチ以上。
出典は、『鄂州銅鏡』（中国・中国文学出版社、2002年）

北中国からの出土例がみられない。

(3) 日本出土の「仏像鏡」は、すべて直径が、20センチ以上である。中国出土の「仏像鏡」は、すべて直径が、20センチ未満である。日本出土の「仏像鏡」のほうが、面径が大きい。

(4) 日本出土の「仏像鏡」には、同じデザインの「同型鏡」が、かなり多くみられる。中国出土の「仏像鏡」には、「同型鏡」はみられない。

(5) 日本出土の「仏像鏡」18面のうち、「三角縁仏獣鏡」が、合計で7面をしめる。「三角縁仏獣鏡」は、「三角縁神獣鏡」にはいっている神仙(東王父や西王母など)のかわりに、仏像の図柄がはいっているものである。

中国からの、「三角縁仏獣鏡」の出土例は、存在しない(中国で出土しているのは、「仏像夔鳳鏡《きほうきょう》」や八つの乳頭状の突起と8体の仏像がある「八乳八仏鏡」といわれるものなどである。「三角縁仏像鏡」は、ふつう、「三角縁神獣鏡」の類に、いれられている)。

中国から「三角縁仏獣鏡」が出土しないことは、中国から「三角縁神獣鏡」が出土しないことと、軌を一にしている。

(6) わが国で出土した「三角縁仏獣鏡」の出土地や面径をまとめれば、**表13**のようになる。

出典は、いずれも、下垣仁志著『日本列島出土鏡集成』(同成社、2016年)である。

表13において、番号[1][2][3]は、「同笵鏡」とされているものである。いずれも、京都府という同じ府から出土していることが、注目される。

なお、下垣仁志氏はその著『三角縁神獣鏡研究事典』(吉川弘文館、2010年)において、「仏像とおぼしき像を配した事例」の中に、**表13**に示したもの以外に、次の(a)、(b)二つの鏡をあげる。この二つの鏡も、**表13**の[1][2][3]とは、また別の「同笵鏡」とされている。

(a)三角縁「天・王・日・月・獣文帯二神二獣鏡」直径22・3センチ。京都市西京区樫原百々ケ池《どどがいけ》、百々ケ池古墳出土鏡。

(b)三角縁「天・王・日・月・獣分帯二神二獣鏡」直径22・9センチ。京都府木津川市山城町(旧相楽郡山城町)椿井字三階(M24)出土鏡。

時期	出典ページ
古墳前期	P144(同じ古墳から三角縁神獣鏡も出土)
古墳前期(5世紀前半?)	P146
古墳前期(4世紀末～5世紀初期)	P150(同じ古墳から、他に、三角縁神獣鏡も出土)
古墳前期	P26(下垣仁志著『三角縁神獣鏡研究事典』[吉川弘文館、2010年、P428]は、この鏡の直径を22.1cmとする。)
古墳前期	P194
古墳前期(4世紀後半)	P244
古墳前期	P288

表13　日本出土の「三角縁仏獣鏡」

番号	鏡名	直径（㎝）	出土地	
[1]	三角縁櫛歯文帯三仏三獣鏡（３号鏡）	20.5	京都府南丹市《なんたんし》園部町内林町東畑園部垣内《かいと》古墳	
[2]	三角縁櫛歯文帯三仏三獣鏡	20.5	京都府京都市西京区樫原百々ヶ池《どどがいけ》百々ケ池古墳（竪穴式石室）	
[3]	三角縁櫛歯文帯三仏三獣鏡	20.3	京都府向日市寺戸町芝山寺戸大塚古墳（後円部主体部、竪穴式石室割竹形木棺）	
4	三角縁獣文帯四神四獣鏡（仏像をふくむ）	23.1	群馬県邑楽《おうら》郡板倉町西岡字赤城塚赤城塚古墳	
5	三角縁天王日月・獣文帯三仏三獣鏡	22.5	兵庫県神戸市北区道場町塩田字川北塩田北山東古墳（第１主体部）	
6	三角縁獣文帯三仏三獣鏡	21.2	奈良県北葛城郡広陵町大塚新山《しんやま》５号古墳	
7	三角縁獣文帯三仏三獣鏡	23.0	岡山県岡山市北区西辛川字蓮光寺一宮天神山１号墳	

番号欄の［1］［2］［3］は、「同笵鏡」（同笵鏡番号 68）
出典は、下垣仁志著『日本列島出土鏡集成』（同成社、2016 年刊）

この二つの鏡は、写真をみると、円形の光背をもつ像がある。たしかに、仏像らしく見える。ただ、「三角縁仏獣鏡」として、一般にみとめられているかどうか、やや疑問が残る。

それで、表13の中にいれなかった。

この二つの鏡は、表13の7面の鏡と同じく、やはり、直径が20センチ以上である。この二つの鏡は、ふつうは、「三角縁神獣鏡」の仲間にいれられている。

この2面を、「三角縁仏獣鏡」の中に入れても以下に述べる議論の結論には、影響しない。むしろ、以下に述べる議論の結論が成立する可能性を、高めるものである。

「仏像鏡」の示す特徴などを整理すると、次のようになる。

(Ⅰ)「三角縁神獣鏡」と「三角縁仏獣鏡」とは、文様(デザイン)において共通性をもつ。また、中国からは出土例がないことにおいても、共通性をもつ。

(Ⅱ)「仏像鏡」は、中国においては、長江(揚子江)中流域の鄂城市(現鄂州市)付近を中心に出土していることにおいて、南中国と関係をもつ(表14参照)。

(Ⅲ)「三角縁神獣鏡」の文様および銅原料が、長江流域系のものであることにおいて、「三角縁神獣鏡」は、南中国と関係をもつ。

銅にふくまれる鉛同位体比についての専門家の馬淵久夫氏は、『考古学雑誌』第98巻、第1号（2013年）に発表された論文「三角縁神獣鏡の原材料産地に関する考察」の中で、次のように述べている。

「(三角縁神獣鏡の原材料の)銅と鉛は長江中流域の湖北省鄂州の近辺から出ていること……をかなりの確度をもって推定することができた。」

(Ⅳ) 日本出土の「仏像鏡」が、中国出土の「仏像鏡」よりも、すべて、面径が大きいこと、および、「同型鏡」が多いことは、日本出土の「仏像鏡」が、南中国の「仏像鏡」の影響を受けながら、葬儀用にわが国で製作されたことを思わせる。

(Ⅴ) 銅原料が鄂城市付近のものと考えられることは、南中国の人が、銅原料をわが国にもたらしたことを思わせる。

(Ⅵ) **表13**において、[1][2][3]の3面の「同型鏡」が、面径も近く、いずれも、京都府からの出土であることは、これらの鏡が、出土古墳の近くで製作されたものであることを思わせる。さきの(6)で示した(a)(b)2面の、あるいは、「三角縁仏獣鏡」かとみられる鏡も、「同型鏡」で、同じく京都府から出土している。

わが国出土の「年号鏡」においても、「仏像鏡」と、ほぼ同様のことがいえる。すなわち、次のとおりである。

	時期	出典ページ
	三国晩期呉	『鄂州銅鏡』 P76
	西晋	『鄂州銅鏡』 P77
	六朝時期	『鄂州銅鏡』P77 『中国銅鏡図典』P397 『図説 中国古代銅鏡史』 P132 『鄂城・漢三国六朝銅鏡』 P21、図81
	西晋	『鄂州銅鏡』 P120
	呉の中・後期	『図説 中国古代銅鏡史』 P130
	三国	『鄂州銅鏡』 P139

表14　中国出土の「仏像鏡」

番号	鏡名	直径（cm）	出土地	
1	四葉八鳳仏獣鏡（仏像夔鳳鏡）	12.1	鄂州市供電大楼第１号三国晩期呉墓	
2	四葉八鳳仏獣鏡（仏像夔鳳鏡）	18.5	鄂州市重型機械廠第１号西晋墓	
3	四葉八鳳仏獣鏡（変形四葉仏像鸞鳳鏡）（仏像夔鳳鏡）	16.3	鄂州市鄂鋼五里墩工地	
4	八乳八仏鏡	10	鄂州市新廟茅草村第１号西晋墓	
5	画文帯仏獣鏡	15	湖北省鄂城寒渓路	
6	画紋帯対置式仏獣鏡（画文帯仏獣鏡）	13.5	記載なし	

出典：『鄂州銅鏡』（中国・中国文学出版社、2002年）。

『中国銅鏡図典』（中国・文物出版社、1992年）。

『図説 中国古代銅鏡史』（中国書店刊、海鳥社発売、1991年）。

『鄂城・漢三国六朝銅鏡』（中国・文物出版社、1986年）。

『三角縁神獣鏡と邪馬台国』（梓書院、1997年）。

以上のほか、『三角縁神獣鏡の謎』（角川書店、1985年）の177ページに、湖南省の長沙、浙江省の武義から、「仏像夔鳳鏡」や「画文帯仏獣鏡」が発見されている、などとの記事がある。いずれも、南中国である

(A)「三角縁神獣鏡」で年号が入った「年号鏡」は、中国においては出土例がない。わが国では、「三角縁神獣鏡」の「年号鏡」は、5面出土している。

(B) 北中国の洛陽市の地域から出土した銅鏡についてまとめた本として、『洛鏡銅華』(中国・科学出版社、2013年)がある。この本の日本語訳は、『洛陽銅鏡』(科学出版社東京、2016年)として、出ている。

南中国の鄂州市の地域から出土した銅鏡についてまとめた本として、『鄂州銅鏡』(中国・中国文学出版社、2002年)が出ている。

いま、この『洛鏡銅華』と『鄂州銅鏡』の二つの本について、確実な出土鏡を調べてみると、次のようになる(採集品や、出土地不明品はのぞく)。

『洛鏡銅華』には、3面の「年号鏡」がのっている。その中に、魏の「年号鏡」はない。『鄂州銅鏡』には、36面の「年号鏡」がのっている。『洛鏡銅華』にのっている数の10倍以上である。

鏡に、「年号」をいれるという文化傾向は、長江中流域の鄂州のほうが、はるかに強いようにみえる。

これは、「仏像鏡」を製作するという文化傾向が、鄂州市の方がずっと強いことと傾向を同じくしている。

(C)『洛鏡銅華』にのっている3面の「年号鏡」も、『鄂州銅鏡』にのっている36面の「年号鏡」も、すべて、面径が20センチ未満である。

これに対し、わが国で出土している「景初三年」銘鏡と「正始元年」銘鏡計5面は、面径が、20センチ以上である(他に、奈良県の桜井茶臼山古墳出土の「正始元年」銘鏡は、破片で、面径がわからない。京都府の広峯15号墳出土の盤龍「景初四年」銘鏡は、面径17・0センチである。辰馬考古資料館蔵の「景初四年鏡」も、盤龍鏡で面径17・0センチであるが、出土鏡ではないので、調査対象外)。

日本出土の「三角縁神獣鏡」の「年号鏡」5面のうち、直径のわかるもの4面は、すべて20センチ以上の面径をもつ(1面は、さきの桜井茶臼山古墳出土鏡で破片)。

わが国出土の「年号鏡」に、中国出土の「年号鏡」よりも、面径の大きいものが存在する傾向の強いことは、「仏像鏡」のばあいと同じ傾向である。

(D)わが国出土の「年号鏡」は、鉛同位体比の測定の行なわれているものは、すべて、南中国の長江流域系の銅原料が用いられている。

これも、わが国出土の「仏像鏡」と同じである。

(E)日本出土の「年号鏡」には、「同型鏡」がかなりみられるが、中国出土の「年号鏡」には、「同型鏡」はみられない。これも、「仏像鏡」のばあいと、同じ特徴である。

「仏像鏡」は、問題を、単純な形で示しているようなところがある。

「仏像鏡」は、やや複雑な「三角縁神獣鏡」問題や、「年号鏡」問題を理解するための重要なヒントをもたらし、「道しるべ」ともなりうる。

「三角縁仏獣鏡」は、「三角縁神獣鏡」の仲間の鏡である。

「三角縁神獣鏡」には、湖北省の鄂州市付近の銅原料が用いられているとみられ、また、中国では、「仏像鏡」や「年号鏡」は、鄂州市付近を中心に出土している。

(1)このような「呉」の領域や「東晋」の国の領域の、南中国系の鏡を、「魏」の国が特別に鋳造して、倭の女王卑弥呼に与えたとするのは、いかにも不自然である。

(2)また、西晋時代の都は、北中国の洛陽であったが、北中国からは、「仏像鏡」は、まったく出土していないので、「仏像鏡」が、「西晋」の国からもたらされたとするのも、不自然である。

(3)とすると、「仏像鏡」の文化、および銅原料は、南中国の建康(南京)に都があり、かつ、倭と国交のあった「東晋」の時代に、わが国にもたらされたものであると考えるのが自然である。

(4) しかし、「三角縁仏獣鏡」のような、面径の大きい「仏像鏡」は、南中国でも出土していない。

このように面径の大きな「仏像鏡」や、「三角縁神獣鏡」は、南中国は、もちろんのこと、全中国において出土例がない。

これは、やはり、東晋の工人たちが、日本へ来て、日本での用途、需要にあわせて、日本で、埋納される古墳の近くで製作した葬儀用の鏡とみるべきであろう。

「魏鏡説」の方々は、「景初」「正始」の魏王朝の年号がはいっている以上、これは、魏から与えられた鏡であるという学問的伝統を継承し、そのようにきめてかかり、そう考えることによって生ずる不都合を、検討しないまま、説明をしないまま無視し、今日に至っている。

「仏像鏡」が、わが国で製作したものといえるのであれば景初・正始の「年号」の「三角縁神獣鏡」などもまた、わが国で製作したものといえそうである。

鉛同位体比の研究

以上述べてきたようなことは、鏡の銅原料の分析からもいえる。

銅の生産地や青銅器の制作年代を、あるていど知ることができる研究に、銅のなかに含まれている鉛についての研究がある。

鉛には、質量（乱暴にいえば地球上ではかったばあいの重さ）の異なるものがある。鉛は、四つの、質量の違う原子の混合物である。その混合比率（同位体比）が産出地によって異なる。鉛には、質量数が、204、206、207、208のものがある。つまり、四つの同位体（同じ元素に属する原子で、質量数の違うもの）がある。鉱床の生成の時期によって、鉛の同位体の混合比率が異なる。いわば、黒、白、赤、青の4種の球があって、その混合比率が、産出地によって異なるようなものである。

鉛同位体比研究の重要な意味は、青銅器に含まれる鉛の混合率の分析によって、青銅器の制作年代を、あるていど推定する手がかりが与えられることである。

とくに、質量数207の鉛と206の鉛との比（Pb–207/Pb–206、Pbは鉛の元素記号をあらわす）を横軸にとり、質量数208の鉛との比（Pb–208/Pb–206）を縦軸にとって、平

図33　日本出土青銅器の鉛の同位体比分布

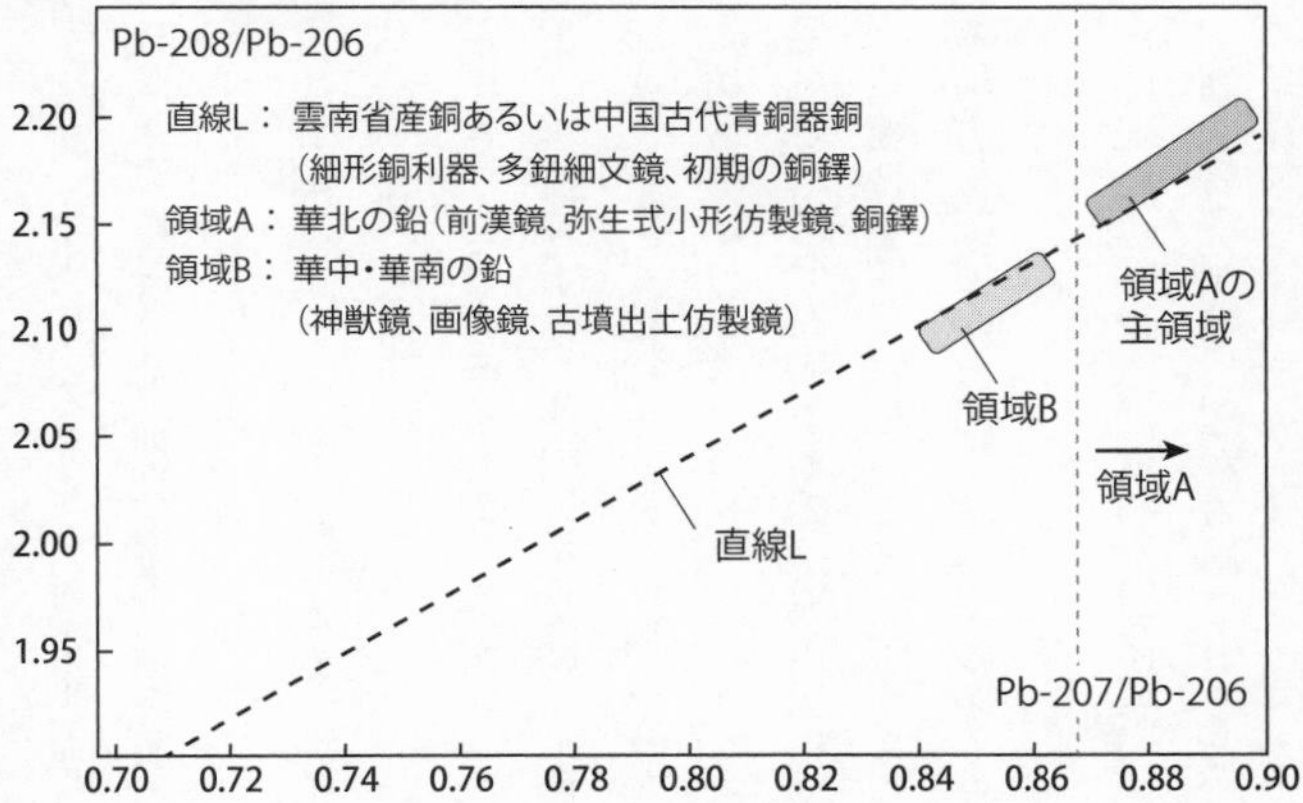

面上にプロットすると、多くの青銅器がかなり整然と分類される。

それによって、青銅器の制作年代などを考えることができる。

すなわち、古代の青銅器は、大きくはつぎの三つに分類される（図33参照）。

(1)**「直線L」の上にほぼのるもの**　もっとも古い時期のわが国出土の青銅器のデータはこの直線の上にほぼのる。「直線L」の上にのる青銅器またはその原料は、雲南省銅あるいは中国古代青銅器の銅が、中国東北の燕の国を通じて、わが国に来た可能性がある。細形銅剣、細形銅矛、細形銅戈《どうか》、多鈕細文鏡、菱環鈕式《りょうかんちゅうしき》銅鐸などは、「直線L」の上にのるグループに属する。

「直線L」の上にのる鉛を含む青銅器を、数多くの鉛同位体比の測定値を示した馬淵久夫氏（東京国立文化財研究所名誉研究員、岡山県くらしき作陽大学教授）らは、朝鮮半島の銅とするが、数理考古学者の新井宏氏は、くわしい根拠をあげて、雲南省銅あるいは中国古代青銅器銅とする（新井宏著『理系の視点からみた「考古学」の論争点』［大和書房、2007年刊］参照）。

(2) **「領域A」に分布するもの**　甕棺から出土する前漢・後漢式鏡、箱式石棺から出土する雲雷文「長宜子孫」銘内行花文鏡、小形仿製鏡第Ⅱ型、そして、広型銅矛、広型銅戈、近畿式・三遠式《さんえんしき》銅鐸などは、「領域A」に分布する。弥生時代の国産青銅器の多くも、この領域にはいる。

(3) **「領域B」に分布するもの**　三角縁神獣鏡をはじめ、古墳から出土する青銅器の大部分は「領域B」にはいる。ほぼ、西暦350年ごろから400年ごろに築造されたとみられる前方後円墳から出土する鏡の多くは、この領域にはいる。

さきに、263ページで、馬淵久夫氏が、「三角縁神獣鏡の原材料の銅と鉛とが、長江中流域の、湖北省鄂州の近辺から出ているとかなりな確度をもって推定することができた」

表15　中国・長江中流域湖南省桃林鉱山産鉛鉱石の鉛同位体比

番号	資料名	Pb-207 / Pb-206	Pb-208 / Pb-206
1	中国・湖南省　桃林鉱山産　白鉛鉱	0.8627	2.1340
2	中国・湖南省　桃林鉱山産　方鉛鉱	0.8626	2.1327

〔文献〕馬淵久夫「三角縁神獣鏡の原材料産地に関する考察」（『考古学雑誌』第98巻、第1号、2013年11月刊）による。）

と、『考古学雑誌』で述べておられることを紹介した。

馬淵氏は、その『考古学雑誌』発表の論文の中で、鄂州付近の銅鉱山である「桃林鉱山産」の鉛鉱石の鉛同位体比を示しておられる。

表15のとおりである。

「桃林鉱山」は、湖南省の北東部にあるが、湖北省鄂城（鄂州市）の「銅緑山鉱山」の遺跡と、距離的に、かなり近いところに存在する（次ページの**地図3**参照）。

また、馬淵久夫氏と平尾良光氏は、『考古学雑誌』に発表された別の論文で、中国の長江下流域の浙江省「黄岩五部鉱山」産の鉛鉱石の鉛同位体比を示しておられる。

275ページの**表16**のとおりである。

「桃林鉱山」と「黄岩五部鉱山」との、鉛同位体比を、グラ

地図3　三国時代の魏・呉・蜀の領域と銅の鉱山

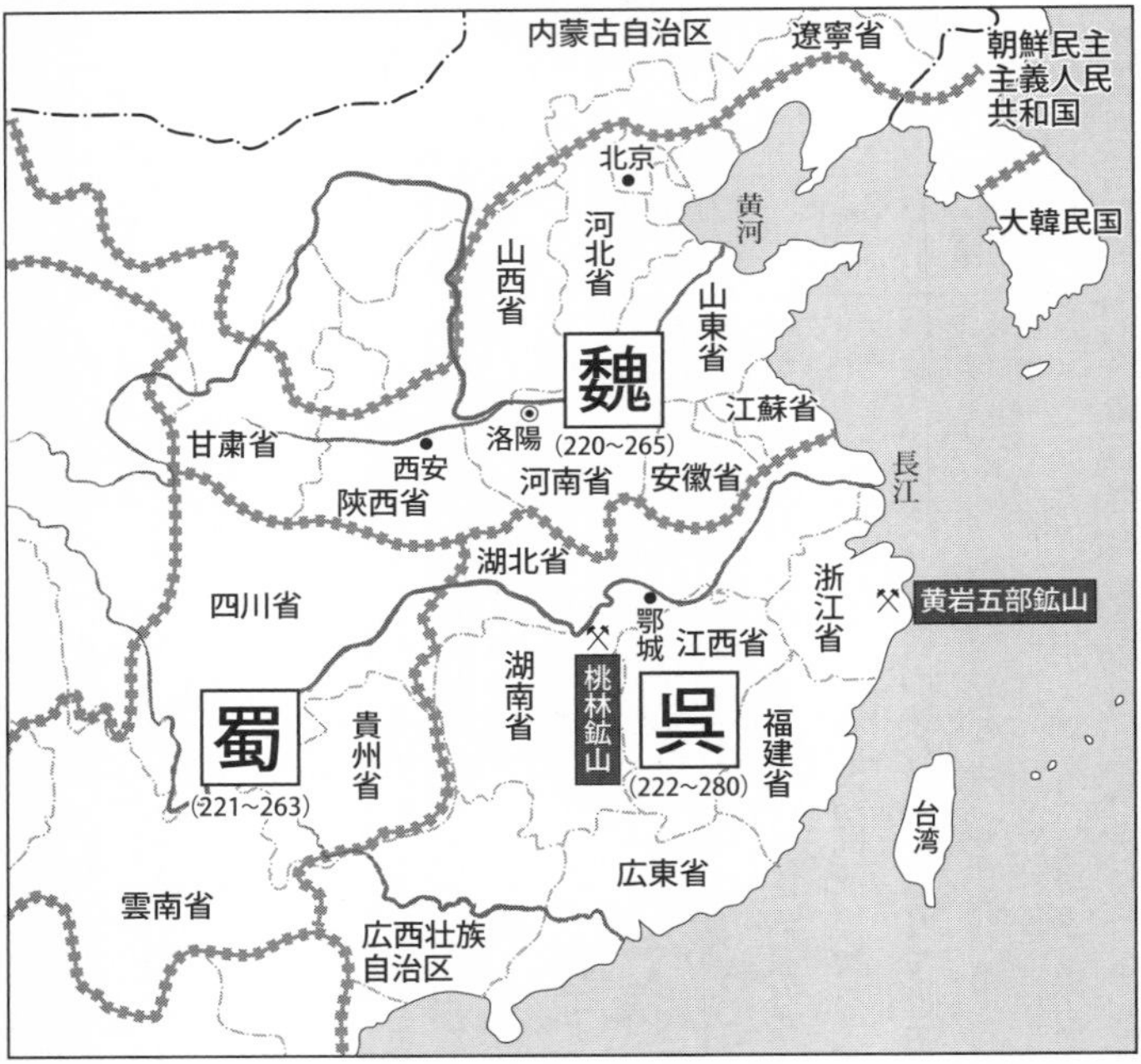

表16　中国・長江下流域浙江省黄岩五部鉱山産鉛鉱石の鉛同位体比

番号	出土地		Pb-207 / Pb-206	Pb-208 / Pb-206
1	五部	浙江	0.8516	2.1110
2	五部	浙江	0.8513	2.1119
3	黄岩五部	浙江	0.8516	2.1119
4	黄岩五部	浙江	0.8516	2.1121

〔文献〕馬淵久夫・平尾良光「東アジアの鉛鉱石の鉛同位体比」（『考古学雑誌』、第73巻、第2号。1987年12月）。なお、『季刊邪馬台国』60号（1996年）に再録

図34　長江流域鉱山の鉛の同位体比

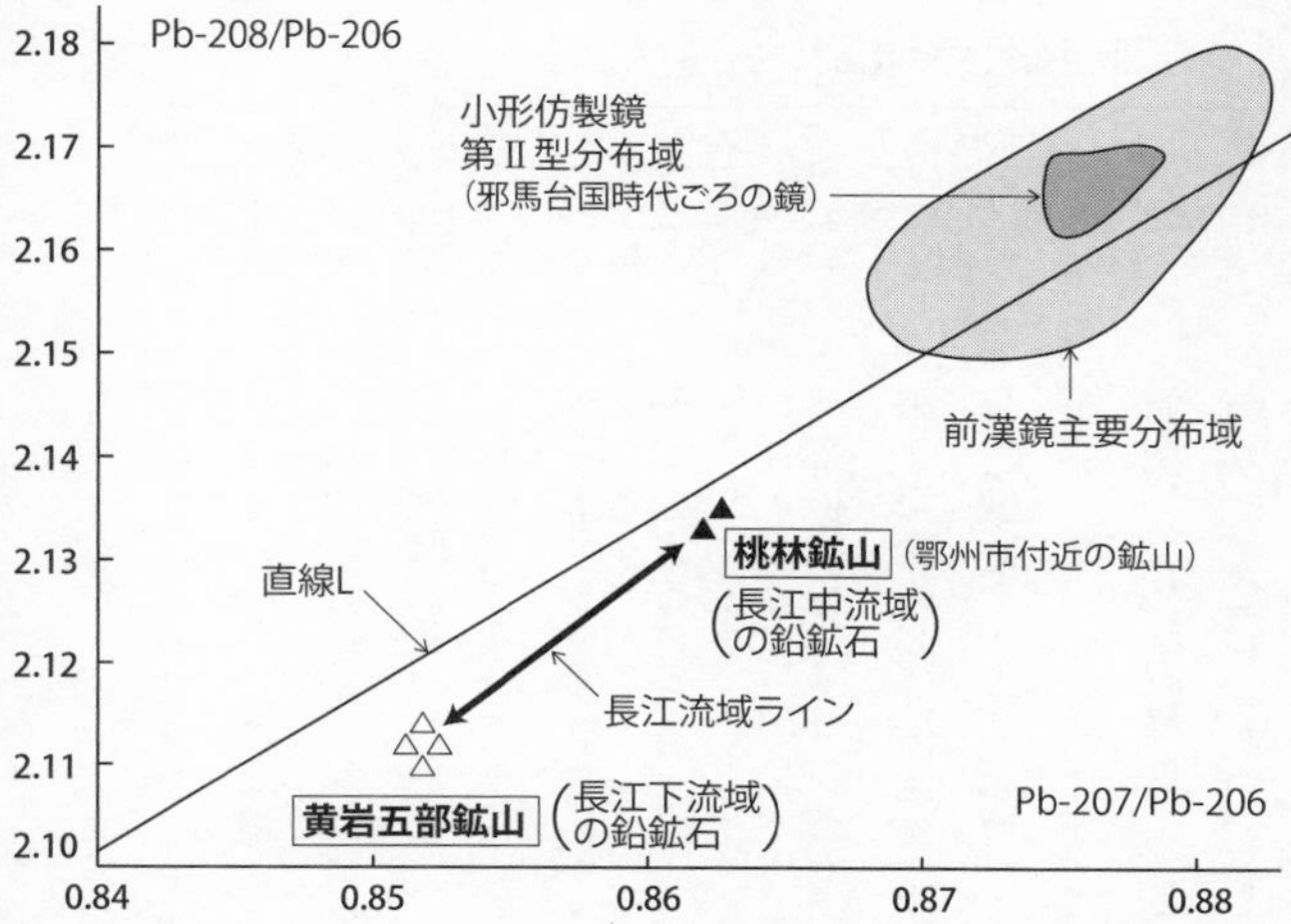

グラフ作成のために用いた測定値は、馬淵久夫「三角縁神獣鏡の原材料産地に関する考察（『考古学雑誌』第98巻、第1号、2013年11月刊）所載のものによる

図35　「三角縁神獣鏡」の鉛同位体比の分布

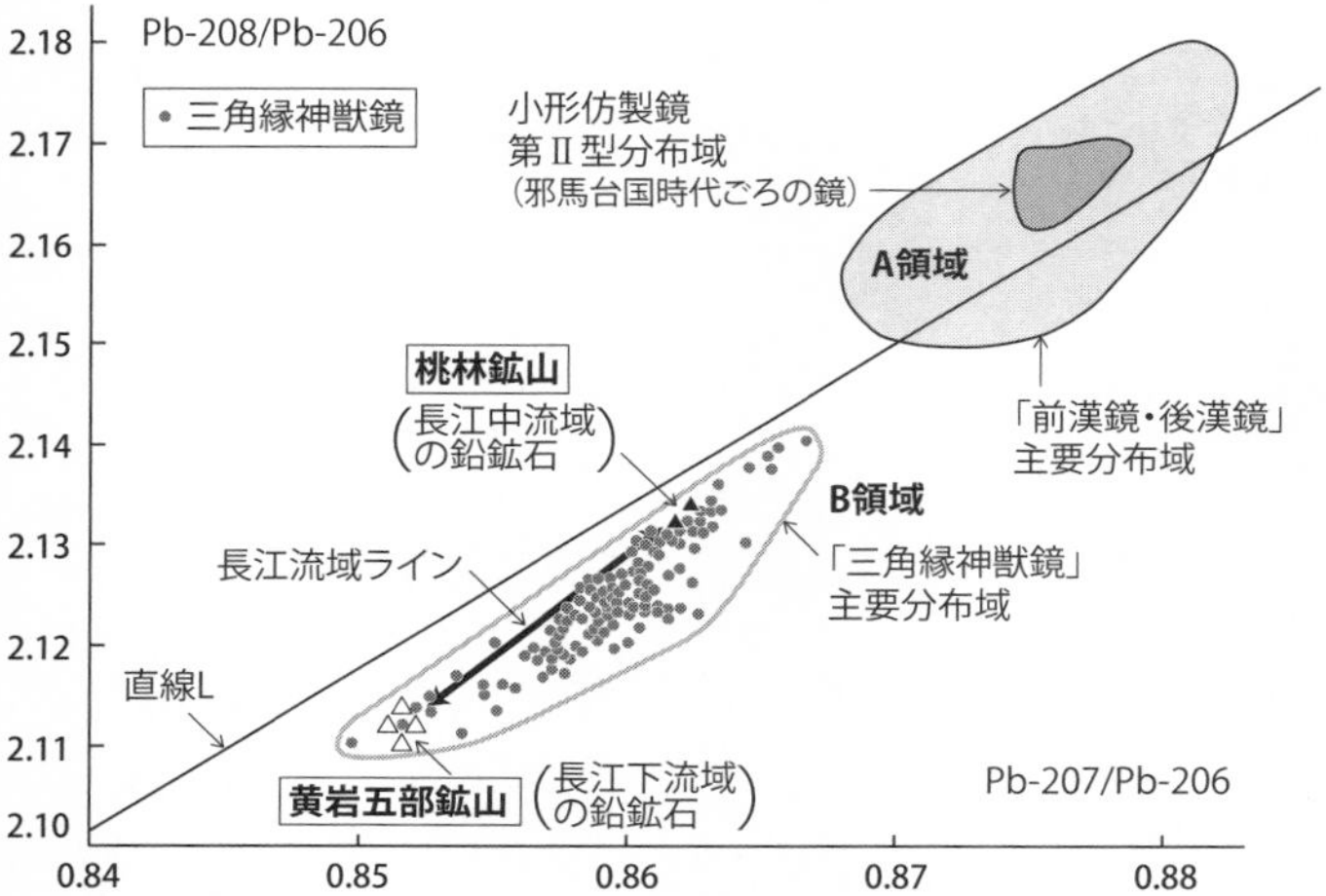

グラフ作成のために用いた測定値は、馬淵久夫「三角縁神獣鏡の原材料産地に関する考察」（『考古学雑誌』第98巻、第1号、2013年11月刊）所載のものによる

フで示せば、**図34**のようになる。

いま、この二つの鉱山の鉛同位体比の値を、結ぶ線を、**図34**に示すように、「長江流域ライン」と呼ぶことにしよう。

また、「三角縁神獣鏡」の鉛同位体比の測定値のグラフは、**図35**のようになる。

図35をみれば、「三角縁神獣鏡」の鉛の同位体比の測定値の分布域は、「長江流域ライン」を完全につつむ形になる。測定値は、「長江流域ライン」のまわりに密集し、かつ、やや「桃

林鉱山」（鄂州市付近の鉱山）よりに分布していることがわかる。

三つの疑問点

このようにみてくると、「三角縁神獣鏡＝魏鏡説」については、次の三つの「疑問点」を指摘できる。

［疑問点Ⅰ］

「三角縁神獣鏡」が、魏の国から倭に与えられたものであるならば、なぜ、敵対する呉の国の領域の銅を用いて、鏡を作ったのであろうか。

次に、「景初」「正始」などの魏の年号をもつ鏡の鉛同位体比の測定値のグラフは、**図36**のようになる。

「魏の年号鏡」の鉛同位体比は、ほぼ、「長江流域ライン」に沿って分布している。また、その分布は、ほぼ、「三角縁神獣鏡」の鉛同位体比の分布と重なる。

［疑問点Ⅱ］

「魏の年号鏡」は、魏の年号をもちながら、なぜ、敵対する呉の国の領域の銅を用いて鏡を作っているのであろうか。

また、「魏の年号鏡」が、「三角縁神獣鏡」と同じく、中国の魏の領域からは、まったく出土していないのはなぜなのか。

さらに、「三角縁仏獣鏡」は、2面ほど、鉛同位体比の測定値が発表されている。**表17**のとおりである。

この測定値も、**図36**に示した。

「三角縁仏獣鏡」の鉛同位体比の分布は、ほぼ完全に、「魏の年号鏡」のものと重なる。区別がつかない。

図36　「魏の年号鏡」「三角縁仏獣鏡」の鉛同位体比の分布
（「正始元年」銘鏡は、グラフ上に2面存在）

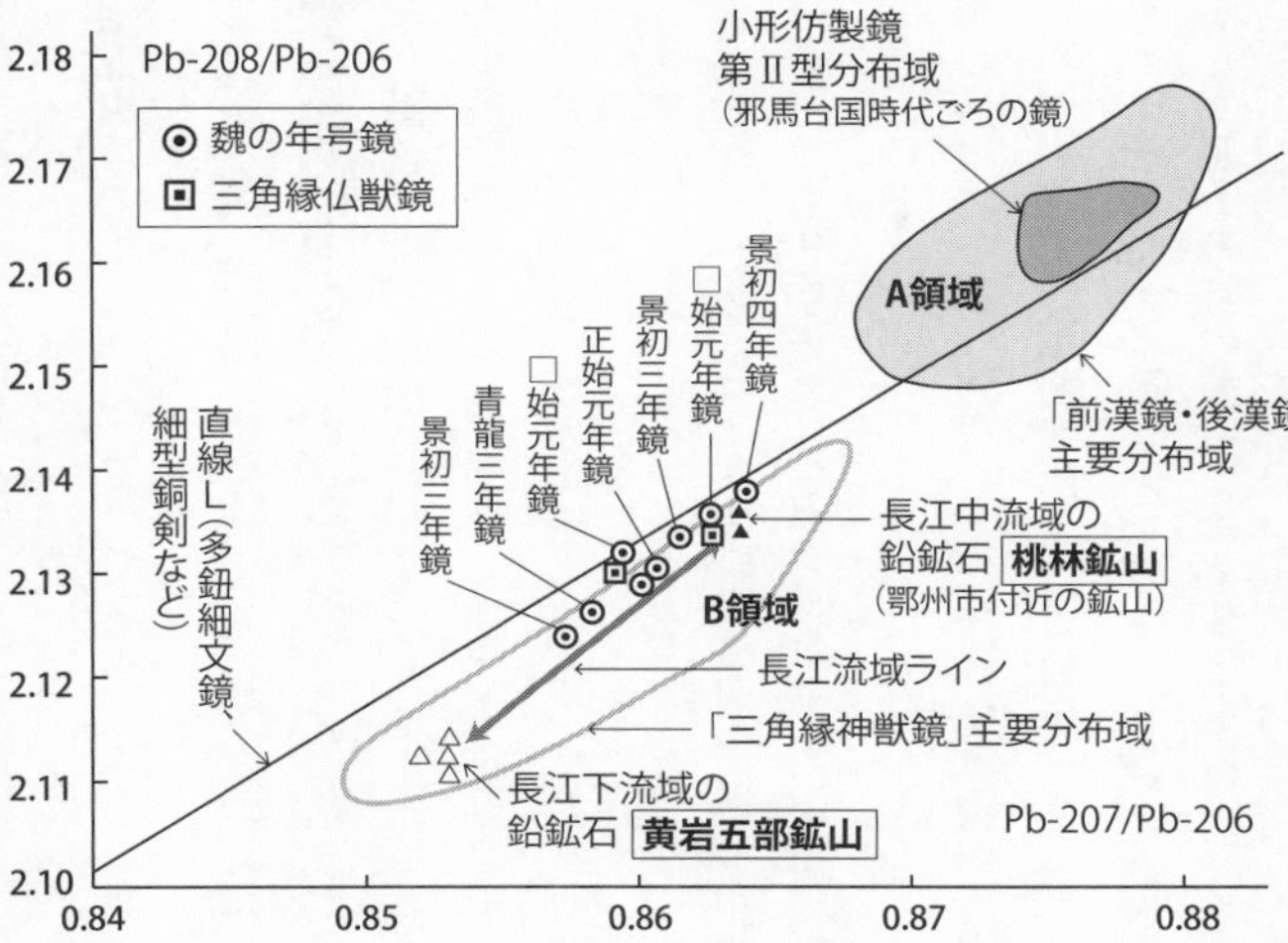

表17　「三角縁仏獣鏡」

番号	資料名	出土地	Pb-207/Pb-206	Pb-208/Pb-206	文献での記号
1	三角縁仏獣鏡	岡山県岡山市一宮町天神山1号墳	0.8631	2.1337	M-41
2	三角縁仏獣鏡	群馬県邑楽《おうら》郡板倉町赤城塚古墳	0.8603	2.1282	M-42

出典：馬淵久夫・平尾良光「鉛同位体比法による漢式鏡の研究（一）」
（『MUSEUM』370号、1982年。『季刊邪馬台国』60号、再録）

〔疑問点Ⅲ〕

「魏の年号鏡」や「三角縁神獣鏡」を、魏の国で製作したものとすれば、「三角縁仏獣鏡」も、魏で製作したものとしなければならない。

「三角縁仏獣鏡」は、中国では、まったく出土例がなく、「仏像鏡」ですら、魏の領域からは、出土例がない。「仏像鏡」は、鄂州市付近を中心とする南中国からのみ出土している。原料も、デザインも、呉の領域系のものである。それを、魏で製作されたものとするのは、不自然である。

「三角縁仏獣鏡」について、中国社会科学院考古研究所の楊泓氏が、『三角縁神獣鏡の謎』（角川書店、1985年）の中で、およそ、次のような見解を述べている。

「日本の古墳からは、何枚も、三角縁仏獣鏡が出土している。中国の南方からは、仏像夔《き》鳳《ほう》鏡や、画文帯仏獣鏡が出土している。また、江南では、銅鏡のほかに、陶磁器や銅の帯金具、その他の器物においても、仏像が装飾として幅広く使われている。

しかし、北方の魏の領域では、仏像を用いて装飾する銅鏡その他の器物は、まったく発見されていない。

かりに、三角縁神獣鏡を、中国北方の魏の製品であるとしたばあい、三角縁仏獣鏡にある仏像の起源は、どこにあることになるのか。」

考古学京都学派の研究者は、この章でとりあげた、鉛同位体比の測定されている2面の「三角縁仏獣鏡」も、「中国製鏡（舶載鏡）」とする。

話は、しだいに、つじつまの合わないものになって行く。

考古学京都学派の方は、このような疑問点について、きちんと説明する必要がある。

「補章」のまとめ

「三角縁神獣鏡」の中に映る色濃い長江流域文化の影を、見落とすことは、やはりできないと思う。

この「補章」で述べたことを、今一度、まとめておこう。

(1)「仏像鏡」は、そのデザインも、鉛同位体比から見ての銅原料においても、長江流域系のものである。

(2)とすれば、その「仏像鏡」、とくに、「三角縁仏獣鏡」と、同じようなデザインを持ち、同じような銅原料が用いられている「三角縁神獣鏡」も、長江流域系のものとみるべきことになる。

(3)とすれば、「景初三年」銘や「正始元年」銘をもつ「三角縁神獣鏡」をはじめ、魏の年号をもつ鏡も、長江流域文化の影響下にあることとなる。

わが国で出土する銅鏡に、長江(揚子江)流域の銅が原料として用いられるようになるのは、西晋によって、280年に呉が滅ぼされ、長江流域の銅が、西晋の都、洛陽に流れこむようになってから以後のこととみられる。卑弥呼時代の邪馬台国よりも、あとの時代の話である。

それまでは、洛陽の鏡の銅原料には、北中国のものが、用いられていた。「位至三公鏡」などの、「いわゆる西晋鏡」の銅原料には、長江流域以南の、南中国の銅が用いられている。

この「鏡の銅原料における大激変(私は、それを、「第I次大激変」とよぶ)」については、この本では、くわしくは、お話することができなかった。紙数がたりない。機会をあらためて、くわしく論じたい。

「太陽は、東から出て、西に沈む」。太陽は、動いている。この「天動説」は、素朴な「肉眼観察」にあっている。一見、正しい。

しかし、「天動説」は、太陽系全体を見渡せば、正しいとはかぎらない。「地動説」のほうが、理にかなっている。

「景初」「正始」とあれば、これは、「魏の鏡」だ。素朴に判断すれば、そうなる。しかし、鏡全体の様子、古代史全体の様子を見渡せば、この判断はぐらつく。説明に、無理を生ずるようになる。

他の仮説を、検討してみる必要がある。

以上、要点のみを記したので、この章の文章は、やや粗い。この「補章」の文章の一部をとりあげて、この本全体の批判とすることは、さけていただきたい。

考古学は、データサイエンスにとっての、未開の沃野《よくや》、開拓すべき新大陸ともいえる。思いこみにもとづく「解釈」によって汚染されたところを丁寧にとりのぞけば、きちんとした記述データ、測定データは、文字どおり、山のように存在しているからである。

おわりに

私は、特定の宗教を信じているものではない。ただ、身を処するのに迷ったときや、困ったときに、心のささえとなるような人たちが、何人かいる。

ひとりは、109歳でなくなった私の母である。

母は、家庭の事情で上級学校に進めなかった人であるが、短歌を作る力と算数の力に、特徴があった。

母の若いころ、岡山県には『中国民報』（現在の『山陽新聞』）という新聞があった。そこに、短歌欄があり、若山牧水が選者であった。母は、少女のころから投稿し、最初の投稿から、かなり優遇された形で掲載されたという。

「縫《ぬ》ひつかれ 縫ひあき なほもこの業《わざ》の ほかにえ知らず 今日も縫ひ暮る」

「たらちねの 母のことばの くどきにも 老ひしのばれて 今宵わびしき」

「若き日に 苦渋《くじゅう》の涙 捨てに出し 河原に野ばら やさしかりけり」
「乳母車《うばぐるま》 押して五月の花を摘《つ》み 興安嶺《こうあんれい》の 丘も歩みき」
「夫《つま》若く 吾《あ》もうべなひて（なっとくして）大陸の 渺渺《びょうびょう》の野に 追ひし幻影」

日本の敗戦や、私の兄の不幸な死などによって、母の夢や希望、そして、もしかしたら持っていたのかもしれない「才能」は、ことごとく壊された。時代が、圧倒的に、母にとって不利であった。

何度も襲ってくる過酷な運命に打ちのめされ、そのたびに、ためいきをつき、涙を流しながら、母は歩きつづけた。

母はすべてを失なって、手には、たった一枚のカードが残された。それが、私であった。

私は、それを感じた。私は、今でも、母が果たせなかった夢を、かわりに、すこしでも果したいと思う。

母の生活派的な歌は、若山牧水の歌の傾向とも合っていたのであろう。

母の歌の中の「興安嶺」は、満州とモンゴルとを分ける大山脈である。満州の地では、春が遅い。五月に、いっせいに花が咲く。

のちに、私は、母の歌を集めて、母と共著の本を書いた（『母と子、魂の歌』リヨン社、2003年）。

母は、悪戦苦闘を重ねながら、それでも、人にやさしかった。そして、長寿をまっとうした。100歳をこえても、炊事、掃除、洗濯をきちんと処理し、電卓なしで計算をし、家計簿をつけていた。とても、私などの及ぶところではない。

私が、文学や人文科学、そして数学に興味をもったのは、多分に、母の影響があると思う。

また、私があおぎ見る歴史上の巨人は、歴史書『史記』を書いた司馬遷である。

『史記』（百三十巻）は、現代日本語訳をしたものを、きちんと読めば、1週間ぐらいはかかる。厖大な量の書物である。

司馬遷は、李陵という将軍をかばったばかりに、宮刑（去勢の刑）に処せられた。男として、もっとも恥ずべき刑である。

司馬遷は、重要な疑問を述べる。「天道是《てんどうぜ》か非《ひ》か。」（善人が苦しみ、悪人が楽をすることがある。天道［超自然の宇宙の道理］は、正しいのだろうか。）

司馬遷は、よい意志をもち、よい行ないをし、しかも悲しい運命に倒れた人たちを、筆の力で、よみがえらせようとする。歴史の闇の中に消えようとする人たちの名に、光りを与えようとした。

『史記』のところどころにきらめく、肺腑をえぐる言葉の数々。

それが、歴史書としての『史記』の価値を高めている。

しかし、『史記』は、司馬遷の生前に、「刊行」されることはなかった。

後世に残るあてもなく、壮絶な孤独の中で、厖大な『史記』は、書き残された。当時は、紙は、まだ発明されていなかった。文字は、竹簡か木簡に書く。

「汗牛充棟《かんぎゅうじゅうとう》」という言葉がある。牛が汗をかいて引くほどの重さと、棟《のき》につかえるほどの量という意味である。書物の量の多いことをいう。

『史記』は、文字どおり、「汗牛充棟」の書であったはずである。それは、もし、火事にあえば、たちまち、地上から消えてしまうものであった。

司馬遷じしん、述べている。

「極刑にあったが、うらみはしない。私はすでに、この書を完成した。これを名山（名高い山）に蔵し、またこれを村や都で伝えられたならば、私は、私の屈辱をつぐなうことができよう。一万回殺されても、後悔するところがあろうか。」

『史記』は、残った。おそらく、人類が滅亡するまで残るであろう。人類は、司馬遷から借りた負債を、返却しつづけることであろう。

人類の歴史においては、おそらく、偶然の出来ごとによって、その業績が残りえなかった奮闘努力も多いと思われる。

ただ、それでも努力のできる人は、努力をすべきであろうと私は思う。すこしでも、よい夢をもつ人々がそれぞれの夢を果しやすい世の中をつくるために。圧倒的に不利な条件のもとで、たたかい続けた人たちがいたから、今の私たちがあるのだ。司馬遷が、2000年間あげつづけたうめき声などに、心を痛めた人々がいて、今では、宮刑にあう人のいない世の中になった。

むかし、「青い山脈」という映画の主題歌に、次のような言葉があった。

「父も夢みた。母も見た。旅路のはてのそのはての、青い山脈、みどりの谷へ」

亡き父よ、母よ。あなたがたの夢が、こんな形で本になりました。見て下さい。

「孝行をしたいときには、親はなし」

それでも、私の父や母が、地上に存在したことを、すこしでも、意味のあるものとしたい。

それが、せめてもの親孝行だと思う。環境が許されているのであるから、奮闘努力をしなければ……。

たとえ、フーテンの寅さんのように、「奮闘努力の甲斐もなく……」となろうとも。努力しようと思えばできる。その肉体的、経済的、環境的条件にめぐまれている。しあわせなことである。

末尾となったが、このような本に、出版の機会を与えられた朝日新聞出版と、刊行にあたってひとかたならぬお世話になった同社書籍編集部の岩田一平氏とに、深甚の謝意を表する。

安本美典 やすもと・びてん
古代史研究者。1934年、中国東北部（旧満州）生まれ。京都大学文学部卒業。文学博士。元産業能率大学教授。『季刊・邪馬台国』編集顧問。情報考古学会会員。「邪馬台国の会主宰。著書に『神武東遷』『邪馬台国への道』、『邪馬台国は99.9％福岡県にあった!!』『邪馬台国は福岡県朝倉市にあった!!』など多数。共著に『日本語の誕生』『言語の数理』など。

月に１度、「邪馬台国の会」の主催で、安本美典講演会が開かれている。詳しくは「邪馬台国の会」ホームページで
http://yamataikokunokai.com/

朝日新書
838

データサイエンスが解《と》く邪馬台国《やまたいこく》

北部九州説はゆるがない

2021年10月30日第１刷発行

著　者　安本美典

発行者　三宮博信
カバーデザイン　アンスガー・フォルマー　田嶋佳子
印刷所　凸版印刷株式会社
発行所　朝日新聞出版
〒104-8011　東京都中央区築地 5-3-2
電話　03-5541-8832（編集）
03-5540-7793（販売）

Published in Japan by Asahi Shimbun Publications Inc.
ISBN 978-4-02-295144-1
定価はカバーに表示してあります。

宗教は嘘だらけ
生きるしんどさを忘れるヒント

島田裕巳

一番身近で罪深い悪徳「嘘」。嘘はどのように宗教で扱われ、嘘つきはどう罰せられるのか。偽証を禁じるモーセの十戒や仏教の不妄語戒など、禁じながらも解釈の余地があるのが嘘の面白さ。三大宗教を基に、嘘の正体を見極めるクリティカル・シンキング！

自分を超える心とからだの使い方
ゾーンとモチベーションの心理学

下條信輔
為末 大

スポーツで大記録が出る時、選手は「ゾーン」に入ったと表現される。しかし科学的には解明されていない。無我夢中の快や「モチベーション」を深く考察することで、落ち込んだ状態や失敗に対処する方法も見えてくる。心理学者とトップアスリートの対話から探る。

内村光良リーダー論
チームが自ずと動き出す

畑中翔太

ウッチャンはリアルに「理想の上司」だった！　内村と仕事をする中で人を動かす力に魅せられた著者が、芸人、俳優、番組プロデューサー、放送作家、ヘアメイクなど関係者24人の証言をもとに、最高のチームを作り出す謎多きリーダーの秘密を解き明かした一冊。

歴史なき時代に
私たちが失ったもの 取り戻すもの

與那覇 潤

第二次世界大戦、大震災と原発、コロナ禍、日本はなぜいつも「こう」なのか。「正しい歴史感覚」を身に付けるには。教養としての歴史が社会から消えつつある今、私たちはどのようにしてお互いの間に共感を生み出していくのか。枠にとらわれない思考で提言。

諦めの価値

森　博嗣

諦めは最良の人生戦略である。なにかを成し遂げた人は、常に多くのことを諦め続けている。あなたにとって、何が有益で何が無駄か、「正しい諦め」だけが、最大限の成功をもたらすだろう。人気作家が綴る頑張れない時代を生きるための画期的思考法。

人事の日本史

遠山美都男
関　幸彦
山本博文

一大リストラで律令制を確立した天武天皇、人心を巧みに摑んだ武家政権生みの親・源頼朝、徹底した「能力主義」で人事の停滞を打破した松平定信……。「抜擢」「出世」「派閥」「査定」「手当」「肩書」などのキーワードから歴史を読み解く、現代人必読の書！

インバスケット経営思考トレーニング
生き抜くための決断力を磨く

鳥原隆志

ロングセラー『インバスケット実践トレーニング』の経営版。コロナ不況下に迫られる「売上や収入が2割減った状況で行うべき判断」を、ストーリー形式の4択問題で解説。経営者、マネージャーが今求められる取捨選択能力が身につく。

税と公助
置き去りの将来世代

伊藤裕香子

コロナ禍で発行が増えた国債は中央銀行が買い入れ続けた。金利が急上昇すれば利息は膨らみ、使えるお金は限られる。保育・教育・医療・介護は誰もが安心して使えるものであってほしい。持続可能な社会のあり方を将来世代の「お金」から考える。

私たちはどう生きるか
コロナ後の世界を語る2

マルクス・ガブリエル
オードリー・タン
東　浩紀　ほか／著
朝日新聞社／編

新型コロナで世界は大転換した。経済格差は拡大し社会の分断は深まり、暮らしや文化のありようも大きく変わった。これから日本人はどのように生き、どのような未来を描けばよいのか。多分野で活躍する賢人たちの思考と言葉で導く論考集。